人物叢書

新装版

山本《やまもと》五十六《いそろく》

田中宏巳

日本歴史学会編集

吉川弘文館

山本五十六肖像

山本五十六の墓（多磨霊園 本文277頁参照）

はしがき

海軍の二大提督《ていとく》といえば、日本人ならば間違いなく東郷平八郎《とうごうへいはちろう》と山本五十六《いそろく》を挙げるであろう。東郷は日露戦争の連合艦隊司令長官で、日本海海戦において大勝利を収め、日本に勝利をもたらした提督として、世界にも名をとどろかせている。一方、山本といえば、太平洋戦争開戦と同時に行なった真珠湾《しんじゆわん》攻撃を推進した指導者として有名だが、戦争の途中で戦死し、軍人の最大の使命である国家に勝利をもたらすことができなかった。おそらく生存していても、国家を勝利に導くことはできなかったに違いないが。

東郷を二大提督の一人にするのは、否定材料がないだけに誰しも了解しよう。だが山本となると事情が違う。緒戦《しょせん》の勝利だけでなく、日本を勝者に押し上げるがごとき勝利を期待されていたが、珊瑚海《さんごかい》海戦の挫折、ミッドウェー海戦の大敗によって、残念ながらその期待に応えることができなかった。にもかかわらず国民の間で人気があるというだけでなく、名提督として称讃されている。その理由がよくわからない。

軍人の伝記には、どうしても顕彰の作用が働いている。軍人の命を賭けた行為は、顕彰して報われた気持ちにさせなければ、兵隊たちの士気が上がらない事情もあったのであろう。しかし、平和時のちょっとした行為までもが顕彰の対象になるのは行きすぎである。顕彰を与えすぎたことが軍人を増長させ、やがて軍が暴走をはじめたことと無関係ではあるまい。

軍人の正確な生い立ちや経歴を知るには顕彰色を払拭し、歴史的背景の中に軍人を置いて、言動の意味や目的を客観化して見つめ直す必要がある。山本の生涯を綴った伝記は意外に少なく、ある時期に焦点を当て、それ以外は触れる程度といったものが圧倒的に多い。焦点が当てられた時期が作品ごとに違っていれば価値があるが、同じ時期に集中しているからあまり参考にならない。

山本には書翰が多いが、公的報告書、日記やメモ、備忘録の類がないため、これが山本を研究対象にすることを困難にしている。海軍兵学校出身であるだけに、山本が日記をつけなかったとは考えにくい。考えられるのは、現役で死没の場合、海軍省から係官が来ていわゆる家宅捜索を行ない、海軍にかかわる書類をすべて持ち出してしまうという内則があり、山本の書類もすべて山本家から持ち出され、きれいに処分されてしまった可能性である。昭和十九年になると戦死者が多くなり、家宅捜索も厳格に行なわれなくなったといわれるが、山本の戦死の頃は、徹底的に行なわれていた時期である。予備役、後備役で死没した場合にはこの内則が適用されないため、どうしてもこうした戦死者の記録が多くなる。軍人により、残された資料に格差が出る要因の一つである。

しかし杜撰《ずさん》な情報管理のために山本を死なせてしまった海軍が、山本家にある書類から機密情報が流失するのを恐れ、すべて押収していくのは、何とも身勝手な行動である。戦死後の山本について海軍が考慮しなければならなかったのは、情報管理ではなく、歴史の中に山本の名をとどめるように記録を保存することではなかっただろうか。

おそらく、こうした理由で山本に関する記録がきわめて少なく、結局、海軍の歴史、日本や世界の歴史の上に山本を載せて、彼の言動の意味を見直すことくらいが残された作業である。言い換えると、歴史の流れの中に山本の存在を見つけ、彼の言動の意味を再検討し、客観化した歴史上の人物にすることである。これまでわが国の歴史研究者は、開戦に至る経緯と終戦処理を研究対象として数多くの成果を上げてきたが、戦争の期間は誰かに任せてほとんど手をつけてこなかった。誰かというのは、制服の戦史研究者、戦記物作家などである。まるで煙管《きせる》を扱うのに似て、真ん中の戦争期間は歴史ではないかのような、あるいは歴史としての意味はないかのような扱いであった。そのために歴史学的方法論によって、この期間に検討を加えることがほとんどなかったといっていいだろう。

本書では、戦争期間中にも歴史の転換点、結節点があると考え、そこを山本がどう乗り越えたか、越えられなかったかを論ずることで、山本の言動を歴史の中に位置付けること、さらには歴史学的方法論によって山本の伝説を再検討することにつとめた。

歴史の流れから取り残された者には、必ず歴史から消え去る運命が待っている。そうなると日本の敗北についても、日本軍が強かったか弱かったか、指揮が適切であったか、まずかったかではなく、陸海軍の組織制度や戦術思想、戦争を切り盛りするマネージメントが歴史の流れに沿っていたか、いなかったか、といった視点から問い直すことがあってもいいではないか。つまり、日本軍が歴史の流れに逆行していたために、戦争における勝敗に関係なく、やがて歴史から消えていく運命であったという見方もありうるはずである。

こうした視点から、改めて山本の軍人としての経歴、連合艦隊司令長官の指揮を見直すことにした。山本とともに歩んだ世代は、山本が偉大なのは当然であるとして、その理由をいちいち詮索しない。だが確実に増えつつある山本を知らない新世代に、負けた戦争の軍人に高い評価を与えることに抵抗感があっても不思議ではない。どうして敗軍の将が歴史上の名声を得る人物なのか、歴史を通して説明できなければならないのである。そうした諸々の問題を承知の上で、根拠のない挿話や顕彰部分を削ぎ落とし、残った材料から今一度、歴史上に存在した山本について見つめ直す契機にしてほしいと念願している。

二〇一〇年三月一五日

田中宏巳

目次

口　絵

挿　図

第一　山本のおいたち

一　長岡に生まれ育って

五十六の家族

山本五十六《いそろく》は、明治十七年四月四日正午、新潟県長岡市玉蔵院町で誕生した。父は高野貞吉《さだよし》、母は峯《みね》、父が五十六歳のときの子であったというので、五十六と名付けられたという話は、今日では「故事」化しているといっていいだろう。

貞吉は長谷川家から、五十六の祖父貞通《さだみち》の長女美保の婿として高野家に入ったが、美保が夭逝したため、次女美佐と再婚し、譲、登、丈三、留吉の四男子をもうけた。しかし美佐も早死にしたため、三女峯と再々婚し、継、加壽、季八、そして五十六をもうけた。継が早世したので、五十六は七人兄姉の六男、七人兄姉の末っ子ということになる。

なお五十六は、三十三歳のとき山本家の名跡《みょうせき》を継ぎ山本姓に代わるが、それまでは高野姓であった（本書では、姓が適切な場合には「山本」、名が適切な場合には「五十六」を使用することにする)。

高野家

　高野家は代々越後《えちご》長岡藩の儒官で、槍術の師範役も兼ね、幕末には禄百二十石取りであったというから、外高七万四千石（内高十四万石）の牧野家長岡藩にしては低い方ではない。

戊辰戦争下の長岡藩

　明治元年の戊辰戦争において、会津藩の赦免を拒否された長岡藩が奥羽越列藩同盟《おううえつれっぱんどうめい》側についたため、山県有朋《やまがたありとも》らが率いる新政府軍の進攻を受けた。長岡藩は上席家老河井《かわい》継《つぐ》之助《のすけ》の指導の下、兵制改革を断行し、新型銃器を擁する新式軍を編成していた。五月十九日、新政府軍が城下に迫ったとき、たまたま長岡軍の大部分は榎峠坂の守備につき、城はがら空き同然であったため、たちまち落城した。しかし七月二十四日、態勢を立て直した長岡軍は反攻によって新政府軍を敗走させ、城を奪還した。戊辰戦争で、新政府軍がこれほどの大きな敗北を喫した例はほかにない。

壮烈な戦闘

　だが五日後の二十九日、巻き返しに転じた新政府軍のために城下を焼かれて再び落城、戦闘中に河井継之助が負傷し、長岡軍はやむなく会津へと落ちのびた。河井は負傷がもとで破傷風にかかり、八月十六日、会津塩沢で死去した。この戦いにおいて五十六の祖父貞通は、七十七歳の老軀を駆って敵中に突入し、敵を次々と倒して壮烈な戦死を遂げたというが、実際に戦死したのは七月二十九日の市街をめぐる攻防戦の最中であったと思われる。父貞吉も銃士隊の半小令の役で各地を転戦し、会津城へのがれたが、薩摩《さつま》兵主力の新政府軍との戦いで負傷した。兄の譲と登も従軍し負傷したが、さいわいみな長岡に戻ることができた。

維新後の長岡藩

敗北した会津藩は青森県下北半島地方に流されて斗南《となみ》藩となり、慣れない厳しい冬の気候に苦しみ、みじめな生活を強いられた。これに比べれば、まだ長岡藩は恵まれていたかもしれない。外高から五万石を減封され二万四千石になったものの、長岡の地に再興を許された。しかし明治三年、廃藩置県の一年前に廃藩となり柏崎《かしわざき》県に編入された。報復的処置のにおいがする。六年、柏崎県は新潟県と合併し、新潟県になっている。

父貞吉

帰藩した父貞吉は、柏崎県庁に出仕することができた。その後、武道に通じ、書に長じ、詩歌をたしなんでいたことから、長岡にほど近い古志《こし》郡村松村（現在長岡市）の小学校長となり、児童の教育に全力で当たり、令名を馳せた。小学校長の俸給によって、一家の生活は質素ではあっても、困窮するようなことはなかったと思われる。しかし戊辰戦争で全財産を失い、五十六の甥の力《ちから》まで一緒の大家族となり、頼ってくる親戚縁者も多く、決して楽な生活ではなかったことは容易に想像できる。力は、腹違いの長兄譲の

五十六の生家

復元された山本五十六の生家

長男で、事情があって祖父の貞吉に預けられていた。武家屋敷が残っていれば狭い思いをしなくてすんだであろうが、廃墟の中で再建した家は粗末なつくりで、狭い上にすきま風が入り込んだ。

この家は昭和二十年八月の大空襲で焼失し、戦後、長岡市の手で再建され、史跡として管理されている。質素なつくりで冬の寒さがこたえたろうと想像されるが、戦後の狭いアパート暮らしを体験した者からすれば、それほど狭いとも思えない。しかし豪雪地帯の家にしてはつくりが華奢《きやしや》で、冬、雪が屋根に積もればいつ潰れるかと不安にかられ、その都度、屋根に登って雪下ろしをしなければならなかったはずである。昨今のように雪が少なくなった時代と違い、五十六の少年時代は、一日に雪下ろしを何度も繰り返し、下ろした雪の方が一階の屋根より高くなることもあった。そこに大雪が降ろうものなら、雪下ろしではなく屋根の掘り出し作業になった(反町栄一『人間　山本五十六』上巻三〇頁)。六十を過ぎた父貞吉が雪を下ろし、力と五十六とで雪を家の壁からどかして固める作業を手伝った。

幼・少期の教育環境

五十六には末っ子にありがちな甘えん坊のところがない。子供を甘やかすのを自慢する親はいないので、甘えん坊ぶりが伝わっていないという見方もできる。貞吉がこまめに家族の一日の出来事を細大漏らさず書き残したおかげで、高野家のこと、五十六の幼・少年期を詳しく知ることができるが(反町前掲書)、教育者である貞吉にして、五十六を甘やかす話を書き記すことは期待できない。儒者の家系であったがゆえに、五十六は小学校に入る前から漢籍の素読をみっちり仕込まれた。五十六には著書も講演記録もないが、残されている彼の書翰類から実に豊かな語彙を有し、それらを巧みに使う表現力に驚かされる。明治時代に生まれた世代のすぐれた特徴は、豊かな表現力、豊富な語彙にあるが、その原動力は学校教育とは別に漢学を学んだことにある。五十六も、この点で家庭的に恵まれた環境で育ったといえる。

努力できる資質

阪之上小学校に入学した五十六は、無口だが優秀であった。まだ努力して力を蓄える時期ではなく、持って生まれた能力、いわば親が子に与えた能力といっていいだろう。

一方で努力ができる資質を持っていることを、勉学、遊び、手伝いの中で表している。神童、秀才が次第にただの人になり下がっていく一因には、努力できる資質を欠いていることが多い。五十六は小学校を優秀な成績で卒業し、長岡中学校へ進んだ。貞吉はすでに引退し恩給生活者であった。中学校に進ませる学費を出す資力がないではなかったが、これからは耐乏生活に心がけねばならなかった。そんな中、五十六は成績優秀で将来が期待されるとして、長岡社の貸費生に選ばれた。

長岡社

長岡社は、長岡の有為な青少年に学問させ、国家社会の有用の人材に育ってもらうために学費の支給を行なうことを目的とする育英団体で、第一回の衆議院選挙で国会議員になった小林雄七郎《ゆうしちろう》の発案で、明治八年に設立された（反町前掲書六二頁）。明治国家が薩《さつ》長《ちょう》の天下であったことは否定できない事実で、その中で旧長岡藩の人士は朝敵と陰口を叩かれながら生きていかなければならなかった。その子弟も、何かにつけ朝敵であったことを引き合いに出され、不利な人生を歩むことを余儀なくされる例が多かった。

朝敵という逆境

朝敵とさげすまされる旧藩の中から、明治後半・大正時代に名を上げる人士が数多く出てくるが、逆境で生きる意地が頑張るエネルギーを与えてくれたに相違ない。会津に生まれ、会津戦争で祖母・母・姉妹を失い、下北半島の寒村で幼少期を過ごし、陸軍幼年学校・士官学校に進み、長州閥《ちょうしゅう》が幅をきかせる陸軍の士官となり、その後、栄達して大将にまでなった柴《しば》五郎の人生を見ると、朝敵の意地で頑張り通したとしか思えない。昭和二十年の敗戦直後、すでに八十歳を超えていた柴は、敗戦に責任がなかったにもかかわらず自決をはかり、それがもとで十二月に病死している。意地のなせるわざとしか思えない。

米百俵

有名な「米百俵《こめひゃっぴょう》」の故事も、朝敵の意地と無関係ではないかもしれない。戊辰戦争で廃墟になった長岡を救わんと、藩主牧野家の分家峰岡《みねおか》藩から見舞いの米百俵が寄せられた。窮乏した藩士たちは、これで食べていけると大いに喜んだが、大参事《だいさんじ》小林虎三郎《とらさぶろう》(号を病翁《へいおう》)は、長岡の進むべき道は教育にあり、人材を養成するにありとして、この百俵を学校建設にあてることにした。驚いた藩士たちは小林のもとに押しかけ、米を分けろと騒いだ。小林は、百俵の米も食えばたちまちなくなるが、教育にあてれば百万俵となって還ってくる、と諭して彼らを引き下がらせた。この「食われぬから教育する」精神に、朝敵の意地が垣間見られる。

長岡洋学校設立

三島億二郎《おくじろう》、稲垣林四郎《りんしろう》、加藤一作《いっさく》らが中心となって、米百俵の代金、政府からの還付米の代金、長岡及び周辺町村から寄せられた寄付金を合わせた四千円によって長岡洋

海軍への憧れ

学校が設立された。その後、県の教育行政の乱れから一時期存立の危機に瀕したが、長岡人士の教育に賭ける熱意によって乗り越えた。山本が明治二十九年に入学したときは古志郡立長岡中学校になっており、五年後の三十四年三月に卒業したときには新潟県立長岡中学校に変わっていた。長岡人士の食べる前にまず教育という精神は、戊辰戦争によって廃墟となった中で育った負けじ魂とも解釈できる。

中学における山本の成績も優秀であった。しかし家の経済状態から高等学校まで進めるとは思っていなかった。かなり早い時期に海軍兵学校に進む決心をし、受験年限のある限り受験し続け、それでだめなら代用教員にでもなるつもりであった。なぜ山本がそれほどまでに海軍兵学校に憧れたかははっきりしない。高野家で関係ある海軍軍人といえば、父の妹つまり叔母が嫁いだ野村貞《ただし》だけである。野村は戊辰戦争の際、長岡藩の大砲隊長として勇名を馳せた。その後、海軍に入り順調に累進し、山本が中学生になった頃は大佐であった。剛毅剛胆の艦長として知られ、将官となってかなり上までのぼると期待されたが、玉に瑕《きず》は大酒飲みであったことだ。対馬の竹敷要港部《たけじきようこうぶ》司令官になり、少将に進級するまではよかったが、酒がたたって体をこわし、鳴かず飛ばずのまま五十四歳で死去した。山本はこの豪放磊落《ごうほうらいらく》な叔父さんが好きだった。海や海軍の話、日清戦争における海戦の話を飽かずによく聞いた。叔父さんに憧れ、海軍に憧れた。

甥の力の勧説

しかし最も強く影響したのは、甥の力の勧説であった。甥とはいいながら、五十六より十歳も年長であった。力の父である譲と五十六とは異母兄弟ながら三十二歳も離れており、そのため叔父より甥の方が年長になる逆転現象が生じたのである。今日ではあまり例がないが、昔は珍しくなかった。譲は北海道で事業を進め、病弱であった力を父貞吉のもとに預けていたため、五十六とは兄弟同様に育った。そのためどうしても兄同然の力から受ける影響が大きかった。力は兵学校に進む志を持って勉学に励んでいたが、いくら成績優秀でも病弱では無理な道とわかってあきらめた。その代わりに五十六に、ぜひ海軍軍人になるようにと繰り返し勧め、果たせなかった夢を託したといわれる（反町前掲書八一頁）。この解釈が、最も真実に近いように思われる。

器械体操

海軍兵学校進学を決意した山本は、体を鍛えるために器械体操、剣術、野球に熱中しはじめた。この頃から、山本の努力できる資質が輝き出す。毎日欠かさず登校前、帰宅後に学校に行っては、主に器械体操を繰り返したのである。器械体操の技術は徐々に、そして次第に早いテンポで上達し、大車輪のごとき大技を実に見事に演じることができるようになった。片腕でも楽々と逆立ちし、逆立ち歩行をいとも簡単にして見せるのだ

信　濃　川

った。手を抜かず、自らに課したスケジュールを黙々とこなした結果だが、勉強時間が減ると成績が落ちるのが自然の道理である。いつもの定位置であった首席から十数番に後退した。

小柄で痩せ型であった体も次第に発達し、背も少しずつ伸び、筋肉もついて頑健そうな体つきになってきた。家計を助けるのと栄養をとるために、近くの信濃川《しなのがわ》で魚をつかまえることもよくした。休みの日には体力練成とアルバイトを兼ねて学校に出かけ、運動をしたあとにせっせと書き物のアルバイトをした。教科書はほとんど筆写ですませたが、化学の教科書の絵図などもきっちりと写し取り、授業での不都合はまったくといってよいほどなかった。数学が得意で群を抜いていた。文章も漢籍の素読が効果を上げたのか、全校一番と目された。入学したときの同期生は百名ほどだったが、卒業するときには三六名に減っていた。経済的理由による途中退学者や成績を理由とする転校者が多く、卒業まで続けることがいかにむずかしいかを物語っている。山本の卒業時の成績は、体力がついた分だけ下がり五番、どうにか成績優秀者の枠に踏みとどまった。

二　海軍兵学校への入校

陸海軍の士官養成法

陸軍士官学校の入校者は、大半が陸軍幼年学校出身者で、若干だが中学校出身者も入った。これに対して海軍兵学校はすべて中学校出身者で、陸軍と海軍とでは士官の養成に対する考え方が著しく異なっていた。陸軍の場合、ほとんどが幼年学校の持ち上がり方式だから、今日の中高一貫方式に似ている。これに対して海軍は、中学卒業時の受験だから、大学の一般入試制度に近かったといえる。

海軍兵学校の試験

海軍兵学校の試験は、中学在学中に受験することも、卒業後に受けることもできた。山本が受験した頃は前者を普通試験、後者を特別試験と呼んだ。特別試験は在籍時の学業が優秀、行状点も優秀という条件がつくが、漢学、作文、英語、数学の四科目だけですむ。これに対して普通試験は、この四科目のほかに地理、歴史、物理、化学、図学も受験しなければならなかった。五十六は、比較的早く兵学校受験を決めおきながら、在学中の普通試験を受験しなかった。この制度を研究した上での結論であったことは間違いない。

五十六の受験

海軍兵学校の試験は七月に行なわれ、十二月に入校というスケジュールであった。明治三十四年の試験は全国一八ヵ所で実施されたが、山本の受験地は新潟市の県庁内にあった市役所である。三十二年の受験地は一三ヵ所で、新潟が含まれていない。三十四年に新潟が新たな受験地に指定されたわけだから、この点で山本は幸運だったといえる。これまでの海軍の中で出身者が多いのは、鹿児島、佐賀、広島、山形、兵学校の予備校的学校であった攻玉社《こうぎょくしゃ》のあった東京などだが、一八ヵ所の試験地の中に、過去に多くの合格者を出している地方の都市が選ばれているのは偶然ではないだろう。『海軍兵学校沿革』によれば、三十四年の志願者総数は一七〇四名、体格不合格者を除いた一〇九二名に対する学科試験が、七月二十一日から八月二日まで行なわれた。

新潟の受験者

新潟の受験者は、「公文備考　明治三十四年　巻三」によれば、

新潟（市役所）ニ於テ十三名（特七、普六）ノ体格検査ヲ施行ス、内不合格ノ一名ヲ

省キ合格ノ者十二名（特七、普五）ノ学術試験ハ七月二十一日ヨリ始メ、同日代数学ニ劣等ノ者二名ヲ省キ残リ十名（特七、普三）ノ試験ハ八月二日結了セリ

と、わずか一三名にすぎず、これは一八ヵ所中最下位であった。カッコの中の「特」は特別試験、「普」は普通試験のことである。体格検査は受験資格のようなもので、これを得た者が進める学術試験には、足切り科目として代数学が置かれていたことがわかる。

長期に及ぶ試験期間

新潟における体格検査は、「海軍教育本部告示第一号」（明治三十四年三月十一日）に、「青森、金沢、新潟、岡山、山口、佐賀ニ在テハ七月十三日ヨリ（中略）開始ス」とあるように、七月十三日に開始された。七月十三日から八月二日までの長丁場の試験は、強い体力と精神力がなくては乗り切れない。山本は受験のために新潟市医学校町通りの加藤スミの家を下宿にしたが、下宿を借りなければならないほど長期間の試験であったのである。

反町が引用する貞吉の日記によれば、山本は受験のため七月九日に新潟に向かい、二十三日目に帰ってきたとある（反町前掲書一二五―六頁）。二十三日目は七月三十一日になり、八月二日に終わったとする右の「海軍教育本部告示第一号」と矛盾する。最も受験生の少ない新潟の場合、他の試験場より若干早めに終わったのかもしれない。

受験勉強

すでに三月三十日に長岡中学を卒業していた山本は、これから三ヵ月間、みっちり受験勉強に励んだ。生家は人の出入りが多く、落ち着いて勉強できないので、姉の加壽の嫁ぎ先である観光院町の高橋家の二階を借りることにした。雪国では、二階を薪炭類の倉庫にする家が多いが、山本が使わせてもらった二階もそうであった。詳細な受験勉強の時間割予定表を作成し、これに基づいて規則正しく勉強を開始した。生家で朝食をすますと、昼飯と晩飯の分のにぎりめしを持って高橋家に出かけ、計画した一日分が終わるまで勉強し、それからまた生家に帰って就寝するという生活パターンを確実に実行した（反町前掲書一二三―四頁）。

合格通知

試験の感触はよかった。それから一月余の九月九日、「江田島学校被服員より保証人貞吉宛服靴寸法の形二枚書出す様」との文書が届いた。本来は、官報で合格者の発表があって、そのあとに制服と革靴をつくるための寸法書きの提出を求めるべきところだが、中央の仕事である官報での発表がどうしても遅れるため、順序が逆になってしまう。十二日に貞吉の戦友である秋庭町長より、優秀な成績で採用が決まったとの通知があった。実際に二番という好成績であった。

三十二期生の顔ぶれ

この年の採用は兵学校三十二期生で、二〇〇名が採用されている。この時からすでに百年以上たっているが、二〇〇名の採用試験の成績順がわかるから恐ろしい。三十二期は昭和の海軍における重鎮を五人も出した珍しい期で、それだけ優秀な人材が集まったということであろう。海軍の重鎮になった五人と長岡中学校出身者の成績を紹介する。

優秀な成績

塩沢幸一、堀悌吉《ていきち》の二人は受験の成績が優秀であったばかりでなく、卒業まで首席を争い続け、最後は堀がわずかの差で首席をとった。山本にとって先任連合艦隊司令長官であり、その後、海軍大臣になった吉田善吾《ぜんご》、及び太平洋戦争開戦時の海軍大臣で、昭和十九年二月からは軍令部《ぐんれいぶ》総長も兼ねた嶋田繁太郎《しまだしげたろう》は、辛うじて前から四分の一に入る成績であった。長岡中学校出身の佐藤六平と立川七郎の二人に比べると、山本の二番というのは飛び抜けている。合格通知のあった数日後、ほとんど外出しない母と連れだって長岡名物の花火大会を見に信濃川河畔《かはん》に出かけた。今日でも尺玉がどんどん打ち上げられることで知られているが、今までにない晴れやかな気持ちで、夜空一杯に広がる花火を楽しんだことであろう。

主な者の入校順位と成績

順位	氏　名	得点総計	出身県
1	塩沢　幸一	780	長野県
2	高野五十六	749	新潟県
3	堀　悌吉	742	大分県
45	吉田　善吾	642	佐賀県
50	嶋田繁太郎	636	東京府
58	佐藤　六平	631	新潟県
85	立川　七郎	609	新潟県

帝国図書館

帝国図書館（国際子ども図書館ホームページより）

明治三十四年十一月一日早暁、まだ暗い長岡駅を親戚、知人に見送られて出発した。東京に出て宮城《きゅうじょう》を遙拝《ようはい》し、上野の帝国図書館で勉強したのち、広島県江田島《えたじま》に向け出立するという計画であった。当時の図書館の中で蔵書数、施設ともにすぐれていたのは、帝国図書館のほかに、東京帝国大学付属図書館、海軍が有する海軍文庫であったが、東京帝大の図書館は大学付属の図書館なので誰でも入館可というわけにいかず、また海軍文庫は一般人の利用が許されなかっただけでなく、洋書が大半を占めていた。帝国図書館を見学し利用する五十六の計画は、少し変わっているがすぐれた考えである。

枠に囚われない好奇心

我が国の国費は、富国強兵路線の下ですぐに役立つ分野に重点的に投資され、図書館の有する情報が国力でもあるという認識は日本ではなかなか育たなかった。また欧米に比べ教科書の権威が異常に大きく、教科書の知識で十分という意識が日本人一般に定着したため、教科書を超えた世界、教科書にない情報を探求する意欲がどうしても弱い。ところが山本は、兵学校在校中も長い休暇があると東京に出かけ、終日、帝国図書館でしか読めない本を漁ったといわれる。己の意志で最先端の帝国図書館を利用し、与えられる情報だけに満足せず、枠に囚われず好奇心を向ける山本の姿勢は、のちに積極的に新分野に取り組んだ彼の経歴を考える上で留意する必要があろう。

海軍兵学校入校式

　明治三十四年も残り少なくなった十二月十七日、江田島で海軍兵学校の入校式が挙行された。当時の校長は河原要一少将、教頭は東郷正路《まさみち》で、一人ひとりに辞令が手交された。河原以前の校長は少将と大佐が交互したが、河原以降は将官職に落ち着いた。この格上げは、兵学校教育の重視を意味したが、二十一年に東京築地《つきじ》から江田島に移転後、教官側から、研究資料や図書類の購入不便、学会や研究会への出席困難、一流講師の招《しょう》聘《へい》困難などの理由を挙げ、江田島ではすぐれた教育ができないゆえに、東京に戻すよう執拗な要請が続いたことも背景にあったと考えられる（『帝国海軍教育史』）。入校者は二〇〇名であったが、留年した生徒が一五名加わったため、三十二期生教育の開始時の生徒数は二一五名になった。

兵学校での生活

当時の兵学校は三年間で、一年生を三号生徒、二年生を二号生徒、三年生を一号生徒と呼んだ。入校式から間もなく、上級生の一号、二号生徒は冬期休暇のため帰省したが、新入生は正月返上で、江田島生活に必要な起居動作や定められた用語を覚え、これから本格化する教育・訓練のために体操や陸戦の基本動作を修練し、生徒心得の講義を受ける毎日であった。受け身の性格や教科書人間であれば抵抗なく受け入れられるかもしれないが、図書館にまで行って勉学する山本の性格では、合わせるのが大変であったと想像される。とにかく季節に合わせた窓の開け方、型にはまった掃除法、生徒間での敬礼など、すべて規定通りやらなければならない環境は、性格的に合わない生徒にとっては地獄の苦痛であった。

カリキュラム

明治三十六年のカリキュラムを見ると、兵学科と普通学科に大別され、普通学すなわち教養科目は一年生が最も多く、二年生、三年生になるにしたがって減る編成で、最上級生の三年生の普通学は週にわずか一〇時間という少なさであった。一～三年生が受講する科目とその一週間の授業時間を紹介すると、表のようになる。

兵学科の講義に苦心

兵学科は、決められたことを決められた通りに覚えなければならない。疑問を持って

席次の高下

海軍兵学校におけるカリキュラム

学年	学　科	科　　目
一年	兵学科	砲術（4）・運用術（3）・機関術（1）
	普通学科	外国語（8）・物理（3.5）・化学（2）・数学（6.5）
二年	兵学科	砲術（3）・運用術（3）・水雷術（1）・航海術（3）・機関術（2）
	普通学科	外国語（7）・物理（3）・数学（5）
三年	兵学科	砲術（2）・運用術（4）・水雷術（4）・航海術（7）・機関術（1）
	普通学科	外国語（7）・力学（3）

（カッコ内は１週間の授業時間）

はならない。ひたすら覚えなければならない理由も、覚える楽しさも、学年が上がるにしたがってわかってくるといわれるが、まだそれがわからない一年生には、相当にきつかった。一年後の明治三十五年十二月の試験成績（次頁の表）を見ると、山本にとって少々苦労した一年間であったことがうかがわれる。

これで明らかなように、席次が上がる者は少しだけ上がるが、落ちる者は一気に落ちる。山本も落ちた組である。最も派手に落ちたのは丸井又三郎、ついで清家《せいけ》岳三郎《たけさぶろう》、鎮目《しずめ》静《しずか》、山本といった順になる。彼らは江田島の生活、教育に馴染めず、どうしても持てる力を発揮できないのである。これを克服しないと、巻き返すことはむずかしい。因みに丸井の卒業

一年終了時の成績と新席次

氏　名	入校席次	試験成績	新席次
塩沢　幸一	1	1,203	1
高野五十六	2	1,103	16
堀　悌吉	3	1,188	2
福島　貫三	4	1,112	9
清家岳三郎	5	1,090	23
丸井又三郎	6	1,051	53
竹中徳太郎	7	1,135	4
鎮目　静	8	1,086	25
田中　政徳	9	1,119	7
磯村　寛	10	1,148	3

（「公文備考　明治35年　巻五」）

席次は九九番、清家は六二番、鎮目は二九番、山本は一一番で、丸井と清家はずるずると落ちる一方であったのに対して、鎮目は最初に落ちたあたりに踏みとどまり、山本は少しばかり巻き返して優秀な部類で卒業できた。この辺に山本のタフさ、柔軟性がうかがわれる。因みに卒業席次は、各学年成績の総合得点で決まる仕組みで、最後の試験だけよければいいというものではなかった。

江田島の教育システム

江田島では、自習室の席順、寝室のベット順もすべて成績の席次によって決められた。生徒に朝から晩まで席次を意識させる制度であった（鎌田芳朗『山本五十六の江田島生活』二二―三頁）。この席次がハンモックナンバーで、生徒にナンバーを競わせることによって、生徒が学力、胆力をつけ、すぐれた士官へと育つことを期待してつくられた教育システムである。

学校教育の目的は、これまでの研究や調査の成果、先人が蓄積した知識を凝縮し、最も基本的で、かつ体系化された智恵を次世代に伝達することである。つまり何百年、何千年の間に人類が蓄えてきた智恵を伝承することが教育の本質であり、智恵を受け継ぎ未来をよりよく生きることが教育の意義である。ただし未来を切り開くには、この先人の智恵と個人の発想力・創造力とを組み合わせることが必要だが、富国強兵を急ぐ日本の教育がどうしても詰め込み式であったように、江田島の教育も詰め込み式で、それでは発想力・創造力の進展を期待するのは困難で、山本が当初、馴染めなかったのもこの点にあったと思われる。

終生の友人

山本に対する同期の仲間、同郷の仲間、指導官らの印象は、寡黙であったという点で共通している。そんな山本にも、終生の友人ができた。秀才の誉れ高く、卒業時のハンモックナンバー一番の堀悌吉である。反町によれば、明治三十六年九月二十四日付で長岡で歯科医をつとめる兄季八に送ってきた半紙に、「我れ一人の友を得たり」と記してあったという。この友が堀を指すというのが、定説になっている。三十六年九月といえば兵学校二学年すなわち二号生徒であった時期だ。すでに入校から一年半以上を過ぎた頃だから少し遅い。どういうきっかけであったのかわからない。

堀悌吉

堀は大分県杵築《きづき》の出身、十八世紀初頭のイギリスの作家ダニエル・デフォーの『ロビンソン・クルーソー』を読んで海軍を志したという。兵学校受験をめぐり中学校の校長や父親の反対に遭い、これを説得してようやく受験に漕ぎ着けた。父弥三郎は学費は心配ないから他の学校を目指せと言ったというから、比較的裕福な家庭であったことがわかる（宮野澄『不遇の提督堀悌吉』一八頁）。兵学校では、第一学年こそ塩沢に一番を譲ったが、二年、三年を一番で通し、仲間から「神様の傑作の一つ堀の頭脳」とまで囁かれ、のちの砲術学校高等科課程では、校長に「本校創立以来、未だかつて見ざる成績なり」と言わしむるほどの俊才ぶりを示した。学力だけでなく、実技面でもずば抜けた能力を持っていたのである。

稀に見る透徹な頭脳の持ち主は、物事の本質がすぐ見えてしまうし、誰よりも早く未来の姿について想像してしまうため、とかく他人に話を合わせるのが苦手である。しかも周囲が一目置いているため、ますます話しにくくなる。だが山本とはなぜか話が合い、どこまでも信頼し合える人間関係を築いた。山本も堀も宗教について関心を持っていたが、共通の話題があったことが二人を近づけたのかもしれない。

伸び悩む成績

山本にとって江田島生活は空回りすることが多く、成績も伸び悩んだ。卒業までに二三名が退校し、卒業に漕ぎ着けたのは一九二名であった。その中の一一番で卒業できるのだから立派なものである。席順争いの江田島生活であれば、誰でも順位を上げたいと願い、山本も首席を目指して頑張ったであろう。だが思うほどには成績が上がらず、首席争いの輪の中に参入することができなかった。

卒業式

明治三十七年十一月十四日、三年間の江田島生活に終わりを告げる卒業式である。生憎の雨のため、砲術教育に使われる海辺に面した重砲台で挙行されることになった。午前十時半、天皇名代の有栖川宮威仁《ありすがわのみやたけひと》親王が臨場され、卒業式が開始された（鎌田前掲書四一頁）。校長より卒業証書が授与されるが、授与される順番が成績の順番で、任官後の昇進にも直接的に関係するので、将来の海軍士官にとってきわめて重い意味を持つ。晴れがましい卒業式ながら、はじめの方で呼び出される生徒にはおめでたい式典だが、あとの方で呼び出される者にとっては屈辱的気持を振り払うことができない。交通不便な時代であったが、子弟の晴れ姿を一目見ようと、全国からはるばる父兄が詰めかけた。呼ばれた順番が成績順であることを知らない父兄が多かったといわれる。

韓崎丸に乗組

すべての卒業行事が終わり、晴れて海軍少尉《しょうい》候補生になった卒業生は、校長をはじめ二号、三号生徒らに見送られながら、ランチで沖合に待つ「韓崎丸《からさきまる》」へと向かった。タラップを上った候補生が後艦橋、後甲板に整列を終えると、「韓崎丸」は総員出港用意を合図にゆっくり動き出し、次第に遠ざかっていった。

三　青年海軍士官

慣例の遠洋練習航海

海軍兵学校の卒業後、少尉候補生を待っていたのは、六ヵ月から八ヵ月間に及ぶ遠洋練習航海であった。太平洋の各地の港に寄港しながら、候補生のシーマンシップを育成し、艦内生活に慣れさせ、士官としての自覚と必要な技能を身に付けさせることを目的としたこの航海は、海外を直接見て国際性を養うこともできるとあって、すぐれた海軍士官を養成するために欠かせない教育法と考えられてきた。

日露戦争の影響

ところが山本らが入校した前後から日露関係が険悪となり、ついに明治三十七年二月に日露戦争が勃発したのである。このため開戦直前に卒業した三十一期生、それに戦争中に卒業した三十二期生は、海外に出る遠洋航海中止という不運な目に遭うことになった。とはいっても半人前の海軍士官のまま任務につかせるわけにもいかず、そのため約二ヵ月間の国内巡航だけが組まれたのである。韓崎丸は捕獲商船で、武装していても強力なものではなかったはずである。戦争中にもかかわらず護衛もつけず航海できたのは、三十七年九月に上村彦之丞《かみむらひこのじょう》の第二艦隊が蔚山《うるさん》沖海戦でウラジオストック艦隊を撃破し、日本周辺海域を脅かす不安が一掃されたからであろう。

国内巡航

江田島を出たあと朝鮮半島南端の鎮海湾《ちんかいわん》、釜山《ぷさん》を訪れ、ついで対馬《つしま》の竹敷《たけじき》、五島《ごとう》列島の福江《ふくえ》を経由して佐世保《させぼ》に一旦帰着、それから瀬戸内海に入り、呉《くれ》、神戸を経由して大阪に寄港、さらに東航して横須賀で航海を終えた。大阪では奈良見物、横須賀では東京・日光見物を楽しんでおり、航海に修学旅行的性格もあったのは否定できない。竹敷では同要港部司令官角田秀松《かくだひでまつ》、佐世保では同鎮守府《ちんじゅふ》司令長官鮫島員規《さめじまかずのり》、呉では同鎮守府司令長官柴山弥八、横須賀では同鎮守府司令長官井上良馨《よしか》の講話があり、海軍士官としての心構えについて考えさせられた。

三十二期の配乗

練習航海の形式上の終了は明治三十八年一月三日である。この日、候補生には配属先が申し渡された。山本は「日進《にっしん》」、堀は「三笠《みかさ》」、塩沢は「朝日《あさひ》」、吉田善吾は「春日《かすが》」、嶋田繁太郎は「和泉《いずみ》」であった。いきなり戦争中の最前線への配属が決まったのである。しかし士官候補生を連合艦隊の第一線艦に配乗させることについて、議論があったはずである。経験を積ませるのはよいことだが、バルチック艦隊との決戦が迫っているときだけに、もしもの場合には候補生の戦死もありうる。新米の候補生が足を引っ張り、戦いに差し支えでもすれば何にもならない。海軍中央と連合艦隊司令部との間で調整が繰り返され、決定されたのではないかと考えられる。

旅順要塞の攻防戦

命令を受けた候補生は、それぞれ指定された地へ鉄道を乗り継いで向かったが、それができた理由は次のようであったと思われる。日露戦争開戦直後から、海軍は旅順港《りょじゅん》に根拠を置くロシア太平洋艦隊の主力(旅順艦隊)を撃破しようとはかったが失敗し、やむなく陸上攻撃によって旅順要塞を攻略し、砲撃により湾内の艦船を撃沈する作戦に出た。このため陸軍は乃木希典《のぎまれすけ》の率いる第三軍を編成し旅順方面に送ったが、難攻不落の防御施設のために夥《おびただ》しい犠牲者を出すばかりであった。しかし二〇三高地を奪取すると、以後は順調に作戦が推移し、ついに旅順のロシア軍は明治三十八年一月一日に降伏を申し入れてきたのである。

艦艇修理の好機

この間、東郷平八郎の率いる連合艦隊は、旅順の周囲を警戒して離れることができなかったため、定期的に行なうはずの修理ができなかった。バルチック艦隊がインド洋のマダガスカル島近くのノシベに集結し、東航を開始する気配を見せているだけに、一日も早く修理を終える必要があった。明治三十七年十二月には、旅順陥落がほぼ確実になったので、海軍は順番を決めて艦艇を内地に返して修理をはじめさせた。艦艇が佐世保、

「日進」に乗組

呉、舞鶴《まいづる》、横須賀につぎつぎ送り込まれてくるので、こうした事情を考慮して三十二期の配乗を計画し、入港地に候補生を送り込んだというわけである。

「日　進」

山本が乗り込むことになった「日進」は、「春日」とともにアルゼンチン海軍がイタリアのアンサルド社に発注していたもので、日露戦争に備え戦力増強に追われた日本政府が、両艦が竣工する直前にアルゼンチン政府に懇願して譲ってもらったといういわく付きの艦である。イタリアから日本に回航する際、途中でロシア艦隊に襲撃されるのを心配したイギリス海軍が途中まで遠くから警護し、無事日本に到着したというエピソードさえある。「日進」は第一艦隊第一戦隊の旗艦をつとめ、戦隊司令官の三《み》須宗太郎《すそうたろう》が乗艦した。艦長は竹内平太郎大佐であった。第一戦隊は、連合艦隊司令部の乗る「三笠」のほか「敷島《しきしま》」「富士《ふじ》」「朝日」の主力戦艦と、新鋭一等巡洋艦の「日進」「春日」からなる、いわば連合艦隊の中核中の中核であった。

初の任務

これほど重要な第一戦隊の旗艦に乗艦することになった山本の仕事は、竹内艦長の伝令をつとめることであった。マイク・スピーカー等の通信機器が装備される以前の艦では、各部署に艦長の命令を伝える伝令が必要であった。新米候補生にさせるにはちょうどよい任務であった。

バルチック艦隊の航路

バルチック艦隊がまだマダガスカル付近に滞留している情報から判断して、日本近くに来るのは四月後半から五月前半と予想された。まだ時間があると見た東郷長官は、連日のように鎮海湾を出ては、激しい砲撃訓練を繰り返した。すさまじい量の砲弾を惜しげもなく使って訓練に励んだ。次第に命中率が上がるのは、新米候補生でもわかった。

バルチック艦隊がベトナムのカムラン湾を出れば、あとは目的地に行くのみである。日本海軍が予想したのは、中国のどこかに根拠地をつくってそこから出撃してくるか、ウラジオストックに直行するかの選択肢であった。前者の予想は、ロシアの石炭船が上海《シャンハイ》に入港し、石炭を購入しようとしたという情報で否定された。ロシア船は、石炭を積み込むために使うハシケが利用できなかったため、やむなく引き揚げていった。三井物産の森恪《つとむ》が機転をきかして、すべてのハシケを借り受けてくれていたお陰で、ロシア船は石炭の運び込みができなかったのである。中国の沿岸に根拠地を設置するのであれば、上海にまで船を出して石炭を購入する必要はなく、石炭の調達を焦ったのはウラジオストックに向かうためであり、これでバルチック艦隊の北上がほぼ明らかになったわけである。

日本海海戦

明治三十八年五月二十七日早朝、「信濃丸《しなのまる》」の敵艦隊発見の電報を得て、連合艦隊の全艦は鎮海湾を出撃した。第一戦隊の先頭は「三笠」、最後尾は「日進」である。午後二時二十分、バルチック艦隊と並航するために、第一戦隊「三笠」から逐次左回頭に移ったと同時に多数の砲弾を浴びた。このとき、山本は「日進」の最上艦橋にいたので、戦況がよく見えた。最後尾の「日進」も「三笠」に劣らぬ砲弾を浴びたが、速力や攻撃力の低下につながる深刻な被害は受けなかった。逐次回頭による並航戦が功を奏し、バルチック艦隊の主力艦に砲撃を集め、これらをほぼ無力化した。激戦にもかかわらず「三笠」の東郷が無傷であったように、「日進」の山本も無傷であった。

膅発事故

第一戦隊が後方に退いた二十七日の戦闘終了間際の夕方六時五十分、突如「日進」の前甲板の八インチ砲塔が爆発、最上部の露天艦橋にいた戦隊司令部や「日進」の艦長らが衝撃でなぎ倒された。一瞬、誰もが敵の砲弾の直撃と考えたが、その頃には敵艦の砲撃は完全に鎮圧されていた。八インチ砲塔の右砲は、戦闘開始直後に敵弾のためにへし折られていたが、残っていた左砲もこの爆発で完全に破壊された。爆発は敵弾の命中ではなく、膅発すなわち砲身内破裂であったと見られる。砲撃を繰り返すと砲身が熱くなり、これに砲弾を挿入すると、とくに敏感な下瀬《しもせ》火薬を装塡した砲弾であれば、撃つ前に砲内で爆発する危険性があった。熱くなった砲身を冷ますために海水をかけることもよく行われたが、砲撃・海水冷却を繰り返すうちに砲身が次第にもろくなり、砲撃の際の圧力で破裂する例もあった。戦闘終了間際の爆発は、いつでも発射できるように砲弾を挿入したままにしておいた砲弾の破裂ではないかと考えられる。

砲煙が吹き払われてみると、戦隊司令官三須や山本ら一二名が血まみれになって倒れていた。三須は片目を失い、山本は左手の指二本が皮だけでつながった状態であった。また破片が右足大腿部裏側の肉を抉《えぐ》り、大量に出血していた。反町が引用する山本自身の回想文によれば、「右足の肉塊六寸をそぎ去られて鮮血甲板を染めたり」の情景であったが、自分が壁となって艦長、砲術長を守ったことを光栄だと誇っている（反町前掲書一五六頁）。直ちに艦内で応急手当が施され、ベットに寝かされた。翌日二十八日に敵に止めを刺す戦闘を、砲撃の振動だけで感じるほかなかった。

病床での仕官就任

山本が佐世保の海軍病院に収容されたのは、三日後の五月三十日であった。前日に負傷したバルチック艦隊司令長官ロジェストウェンスキーも入院していた。海軍省人事局から、戦闘中に重傷、「指二本切断」といった連絡が父貞吉にあり、当時の海軍の細やかな気配りに感心させられる。山本の負傷部はすでに壊死《えし》化していたが、血管や神経が残っていたため、手術後の経過は良好であった。まもなく病院船「西京丸」で横須賀に移送され、横須賀海軍病院で三ヵ月半の療養生活を送った（鎌田前掲書四七―八頁）。入院中、八月三十一日付で海軍少尉に任官し、横須賀鎮守府付に補せられた。ようやく正式な海軍士官になったのである。十二月十二日には、山本の健康を案じた上司のはからいで横須賀海兵団付になった。

四　山本家の名跡継承と結婚

目まぐるしい艦艇勤務

二十代の海軍士官は、忙しいが楽しい時代でもある。負傷が癒えて復帰した山本は、十八ヵ月間に四隻も艦を替えた。三等巡洋艦「須磨《すま》」に五ヵ月余、戦艦「鹿島《かしま》」に五ヵ月弱、海防艦「見島《みしま》」に四ヵ月間、駆逐艦「陽炎《かげろう》」に四ヵ月間弱という細切れ勤務であった。若い間に一つでも多くの艦種を経験させ、海軍の現場について知見を持たせようという海軍省の方針に基づいたと思われるが、それにしてもよく動いたものである。「鹿島」勤務の際に肋膜炎《ろくまくえん》を患い、軍医の診断を受ければ即刻下艦になるところを、看護婦をしていた姪《めい》の京に頼んで薬を取り寄せ、独力で克服した。長い入院生活に懲りて、絶対に寝込みたくなかった。

術科教育

　艦艇勤務を一通り経験すると、今度は術科教育を受けなければならない。ついで優秀であれば海軍大学校で参謀教育が行なわれる。まだ航空部隊のない時代で、艦艇の各分野に進むのが普通で、山本は砲術科に進んだ。明治四十年八月に海軍砲術学校普通科学生になり、十六ヵ月間の教育を受けた。そして砲術学校の教育課程を終えると、今度は海軍水雷学校普通科学生を命じられた。四ヵ月間の教育である。

余暇の過ごし方

　両校とも横須賀鎮守府管内にあり、休日には横須賀市内の散策もしたであろうが、山本に関する資料を長岡に住む父貞吉の日記に依存しているため、ほとんどわからない。山本は一切酒を飲まなかった。収入の過半を両親への仕送り、親戚縁者の学費等にあててしまうために、遊びにお金を回す余裕もなかったし、遊ぶつもりもなかったであろう。

遠洋練習航海に従事

　水雷学校の課程が修了すると、たった二ヵ月間の駆逐艦「春雨《はるさめ》」の勤務を挟んで、一

鈴木貫太郎と佐藤鉄太郎

海軍兵学校の遠洋航海

期・人数	期　間	主な寄港地	艦	艦　長
36期 188名	明42.3.14 ~8.7	ホノルル，サンフランシスコ，バンクーバー，シアトル	阿蘇 宗谷	石井義太郎 佐藤鉄太郎
37期 179名	明43.2.1 ~7.3	マニラ，シドニー，メルボルン，シンガポール，香港	阿蘇 宗谷	佐藤鉄太郎 鈴木貫太郎

等巡洋艦「阿蘇《あそ》」乗組を命ぜられた。「阿蘇」の前身は、明治三十七年十二月、旅順港内にあったところを、陸軍の砲撃で撃沈された露艦「バヤーン」である。次に乗ったのが三等巡洋艦「宗谷《そうや》」である。「宗谷」も日露戦争開戦直前、朝鮮の仁川《じんせん》港沖合で海軍に攻撃されて自沈した露艦「ヴァリアーグ」である。両艦は遠洋練習航海で何度も使われた。前述のように山本ら三十二期生は、日露戦争のために外国を見て回る遠洋航海に行かずじまいで日本海海戦に参加したが、そのご褒美でもあるかのように山本は、兵学校三十六期生、三十七期生の二つの遠洋航海に従事することになった。

山本は、三十六期の航海では「阿蘇」に、三十七期では「宗谷」に乗り込んだ。そうなると日々、「宗谷」艦長の鈴木貫太郎《かんたろう》の謦咳《けいがい》に接し、「阿蘇」艦長の佐藤鉄太《てった》郎《ろう》とも話をするぐらいの機会があったに違いない。佐藤には『帝国国防史論』などの大作があり、日露戦争後、秋山真之《さねゆき》と並んで海軍一の理論家と評され、のちに山本が苦しむことになる艦隊決戦論の大成者となる。また鈴木貫太郎は、連合艦隊長官、軍令部長、侍従長《じじゅうちょう》などの要職を歴任、太平洋戦争末期に首相となり終戦工作につとめた。「宗谷」乗組みのときに山本は分隊長をつとめ、鈴木に直接指示を仰ぐ立場にあり、鈴木の人格やバランスのとれた物の考え方などに学ぶ点が多かったと考えられる。

鈴木の回想

山本が戦死した際に鈴木は「山本元帥《げんすい》を憶《おも》ふ」の一文を寄せているが、遠洋航海の山本について、「若き大尉《たいい》分隊長として候補生の指導官に任ぜり、別段目立ちたる点無きも寡黙不撓《ふとう》にして最も真面目に勤務に当り不言実行を以て候補生を指導したり。時には指導官会議に際しても容易に発言せざりしが一旦口を開けば論旨明晰《めいせき》主張強固にして其意見は概ね採用せられたり。是を以て其熟慮断行の性格に富むを知る可きなり」（反町前掲書一九四頁）と回想しているが、若き日の山本を遺憾なく描いている。二年続けての遠洋航海は、すぐれた上官の薫陶《くんとう》を受けながら、山本の人間性を高め、視野を広めた。

海軍大学校学生を拝命

二回目の遠洋航海から帰った山本に、再び勉学に励む機会が訪れた。途中、砲術学校の教官勤務、副官勤務、参謀勤務等を挟みながら、海軍大学校乙種学生（明治四十三年）、砲術学校高等科学生（明治四十四年）、海軍大学校甲種学生（大正三年）を拝命し、専門的分野の勉学にいそしむことができた。海軍大学校の乙種・甲種の教授内容は、その都度、必要に応じて改定されているが、明治三十年九月三十日の改定によると、将校科乙種学生には砲術、水雷術、航海術の学理を教授し、卒業時、その専修科目に応じて砲術練習所、水雷術練習所学生を命ぜられることになっていた。山本が乙種学生の終了後、四十四年に砲術学校高等科学生を命ぜられているのは、砲術練習所が四十年四月に廃止され、代わって砲術学校が設立されたためと思われる。乙種学生と砲術学校高等科または水雷学校高等科とは、一セットの教育として設定されていた。また将校科甲種学生には、枢要の職員あるいは高級指導官の素養となすため、高等の兵学その他の学術が教授されると定められている。すなわち研究に専念する課程で、今日の大学院博士課程に近い位置にあった。

修業年限

なお明治四十年の改定によって、乙種学生の修業年限は六ヵ月、甲種学生は一年半と定められた。山本の経歴を見ると、乙種が五ヵ月と二十二日、砲術学校高等科が六ヵ月と九日であった。また甲種学生は一年間であった。規則と若干異なるのは、必要な時間数を別の科目で振り替えることができる制度があったためであろう。

同期生との進級に差

乙種学生になる前に大尉に、甲種学生の間に少佐《しょうさ》に進級しているが、少佐進級の頃から、いよいよハンモックナンバーが威力を発揮しはじめる。堀及び塩沢と比較すると、山本の少佐進級はちょうど一年の差ができている。陸軍では、陸軍大学校の序列が進級に直接影響するが、海軍大学校の成績はそれほど進級に関係しなかった。陸大が鼻持ちならないエリート集団の製造機関であったのに対して、むしろ海大にはアカデミーの香りすら漂うのは、甲種のごとき課程を設置したことが影響していた。山本の成績はトップクラスで、人事上の評価がプラスに作用したのは間違いない。

父母の死

山本が砲術学校高等科を修了し、海軍大学校甲種学生になるわずかの間の大正二年、父貞吉と母峯（峯子）が相次いで世を去った。父八十五歳、母六十八歳であった。当時、山本は佐世保で予備艦隊参謀をつとめていた。父の死に目にも会えなかったし、葬儀にも出られなかった。間もなく父の看病に疲れた母が、病の床に伏したという手紙を受け取った山本は、夏期休暇を利用して帰郷した。八月の暑さに弱った母のために、習い覚えた手製のアイスクリームをつくり、スプーンで口に運んだ。母は噛みしめるようにして飲み込んだ。休暇が切れ、佐世保に戻った山本の後を追うように母の弔報が届いた。覚悟をしていたとはいえ、短い間に両親を失った悲痛はいかばかりであったろうか。

山本家の名跡継承

海軍大学校甲種学生で課程の勉学に忙しかったとき、旧藩主牧野忠篤《ただあつ》子爵の強い要請で山本家の家督を継ぐことになった。いわば主命であり、断れなかった。山本家は長岡藩第一の名家で、戊辰戦争の折、当主山本帯刀《たてわき》は、河井継之助が戦死したあとを引き継ぎ、全軍を率いて会津に逃れ、追撃してきた薩長軍と戦って戦死した。新政府のために、一家は改易せられ廃絶の悲運に見まわれた。明治十七年に許されたが、再興する遺族がいなかった。そこで白羽の矢を立てられたのが将来性豊かな五十六であった。だが五十六は、母峯（峯子）が最後に「お前は御国に差上げた人です」と言ったように、いつ国のために命を捨てるかわからない軍人であり、そのことは日本海海戦での負傷がすでに立証ずみであった。しかし牧野の仲介者が、「山本姓さへ名乗って呉れれば夫れで結構、絶対に少しも迷惑をかけぬ」といったと伝えられる。大正五年五月十九日、歯科医になって長岡に戻っていた兄季八が立会人になって、山本家名跡の継承式が行われた。山本五十六の誕生である。引き継いだ財産は、裃《かみしも》一着と広々とした名家にふさわしい長興寺の墓地だけであった（反町前掲書二一四―五頁）。

再度の療養

海軍大学校甲種学生修了後、大正五年十二月、第二艦隊参謀を命じられた。司令部は横須賀であった。ところが赴任後すぐに腸チフスに冒され、また横須賀海軍病院に入院した。退院後、伊豆の堂ヶ島温泉で療養につとめたが、今度は盲腸炎を引き起こした。また横須賀海軍病院に入院ということになるのは、さすがに気が引けたのであろう。姪がいる帝大病院で手術をしてもらったが、症状はかなり進んでおり、腹中に広がった膿を丹念にふき取ってもらったために、何時間もかかる大手術になった。

深刻な病状

退院後、著しく体が弱った山本は長岡に帰省し、兄季八の家で療養した。横須賀に戻ったのは七月半ば、七ヵ月間にも及ぶ病気との闘いであった。この間の経歴を見ると、六ヵ月間の待命があって、最後の一ヵ月間が休職になっている。待命は給与が満額出るが、休職は減額になるので、周囲が気を遣ってくれたのであろう。しかし休職までしなければならないほど、山本の病状は深刻であったのである。この時期の山本は、思うように体力が回復しない焦燥と仕事に戻れない挫折感の毎日で、精神的に最も苦しかったに違いない。このことは日露戦争における重傷も含めて、彼が肉体的苦痛をたびたび味わい、順風満風の昇進の階段をストレートに駆け上がることができなかった苦労人であることを物語っている。同期の堀、塩沢、吉田、嶋田らにはない経験であり、それが誰にも真似のできない包容力、温かい人間味を醸成する修養になったことが推察される。

結婚

長い孤独な闘病生活の中で人生の伴侶を求めたくなったのであれば、結婚の動機も簡単に説明できる。しかし実際に結婚したのは、社会復帰してから一年もあとのことである。おそらく病気も一つの理由であるかもしれないが、それ以上に山本家の名跡を維持する責任感の方が大きかったと思われる。反町が旧藩主牧野家より結婚を勧める二、三の話があったことや関係者の勧告を紹介しているように、山本の社会的地位あるいは立場が独身を許さなくなっていたのである。結婚のきっかけは同期の堀の口利きであったといわれる。

縁談のなりゆき

堀が私淑していた四竈《しかま》孝輔《こうすけ》大佐に依頼し、四竈が遠縁の三橋《みつはし》康守《やすもり》に話を持ち込んで進んだ。四竈は兵学校二十五期出身で、山梨勝之進《かつのしん》と同期である。大正六年二月から東宮《とうぐう》武官《ぶかん》兼侍従武官になり、そのときの日記が『侍従武官日記』として後年刊行されている。中将《ちゅうじょう》まで昇り大湊《おおみなと》要港部司令官を最後に離現役となっている。四竈の妻と、海兵十期で連合艦隊司令長官や軍令部長をつとめた山下源太郎大将の妻とは姉妹で、この姉妹と三橋の妻とが従姉妹の関係であったのが縁で、縁談話が成立したとされる（反町前掲書二一四頁）。これに対して山本の長男義正《よしまさ》は、帝大病院の婦長となっていた姪の京とそこにいた水野医師から紹介された話だとしている（山本義正『父・山本五十六』一一四頁）。山本の結婚には四竈が大きくかかわっていたことから見て、筆者は堀・四竈ラインで成立したものと考えている。

会津藩士三橋家

三橋家は、長岡藩と縁浅からぬ会津藩士族の出であった。山本にしても、帯刀戦死の地であり、父貞吉や兄たちが負傷した地でもあり、運命的なものを感じたに違いない。三橋康守は元司法官であったが、官職をなげうって会津の地で新しい農業や酪農《らくのう》の育成を目指し、新品種のジャガイモやトマトの栽培、当時の日本では珍しい酪農にいそしんでいた。三橋は生まれてくる子供に、『南総里見八犬伝《なんそうさとみはっけんでん》』よろしく、儒教の教えである仁・義・礼・智・信・忠・孝・悌を名前につけていったが、十一人も生まれたために、あとの方の命名に困り果てたという。山本との縁談の相手は三女で、したがって名前は礼子となる。

三橋礼子

話は山本が会津に赴き、見合いをして即決した。その際、指のない手を見せながら、こんな体でもよいかと何度も念を押したというから、肉体上のことも結婚が遅れた一因であったと考えられる（山本前掲書一一七頁）。大正七年八月三十一日、東京タワー辺りにあった水交社で、四竈孝輔夫妻を仲人に簡素な結婚式が執り行なわれた。山本三十五歳、礼子二十三歳であった。翌年の四月、山本はアメリカ駐在を命じられ、単身任地に赴く。その後も夫婦一緒に過ごすときが少ない生活が続くが、礼子は愚痴一つ言わなかった。

よくできた人であった。

子供たち

山本と礼子夫人の間には二男二女がもうけられた。長男義正は大正十一年、海大教官時代に東京千駄ヶ谷で、長女澄子が十四年、霞ヶ浦航空隊教頭時代に茨城県土浦で、次女正子が昭和四年、「赤城《あかぎ》」艦長時代に鎌倉で、次男忠夫が七年、航空本部技術部長時代に同じく鎌倉で、それぞれ生まれた。海軍軍人の常として家にいることが少なかった山本だが、家庭の方はいたって円満で、帰ってきたときはよく子供と遊んだ。家のことは礼子夫人に任せきりであったが、彼女は十分その責任を担った賢夫人であった。

第二　第一・第二ロンドン軍縮会議

一　ワシントン会議

八八艦隊建設計画

日清戦争を六四艦隊、日露戦争を六六艦隊で乗り切った海軍は、つぎに想定される対米戦に備えて八八艦隊の建設を目指した。八八とは、明治時代には戦艦八隻・装甲巡洋艦八隻の意味であったが、大正時代に装甲巡洋艦が巡洋戦艦に代わる。巡洋戦艦は日露戦争中に建造が開始された新しい艦種で、兵装は戦艦と同等、装甲は若干薄いが速力の早いのが特徴であった。八八艦隊は戦艦・巡洋戦艦がそれぞれ八隻の俗称だが、海軍政策ではこれを中心とする艦船整備計画を意味する。その骨子を示すと、

一、戦艦八隻、巡洋戦艦八隻を第一線部隊とする

二、艦齢を八年とし、これを経過した艦は第二線部隊に編入

三、補助艦として軽巡二四隻、駆逐艦七二隻、潜水艦六四隻等を艦齢八年を基準に

整備

無謀ともいえる計画

とするものである。この計画の凄さは、八隻ずつの戦艦と巡洋戦艦を艦齢八年以内のものだけで揃えることにある。単純化して説明すると、完成までに三、四年かかる戦艦・巡洋戦艦を毎年それぞれ一隻ずつ建造し続けないと、八年で二線級に格下げになる穴を補充できなくなるおそれが出る大計画である。八八艦隊は、短期的には実現できても、その後の維持はどうあがいても不可能に近い。にもかかわらず大正時代の海軍は、このような無謀ともいえる計画の実現に向かって動き出すのである。

海軍費が国家予算を圧迫

大正四年九月十三日の防務会議決定に基づき、加藤友三郎《ともさぶろう》海相は海軍軍備補充計画予算を要求した。これにより、まず八四艦隊の充当計画が動き出す。ついで七年三月、四ヵ年継続費をもって八六艦隊完整を目指し、巡洋戦艦二隻等の建造計画が着手された。八年六月二日、加藤海相は閣議に海軍軍備充実に関する議を提出した。この内容は、戦艦四隻、巡洋戦艦四隻、大型巡洋艦四隻などをはじめ、合わせて一〇三隻を建造する野心的なもので、これが計画通りに進捗すれば、十六年に艦齢八年以内の戦艦八隻、巡洋戦艦八隻が整い、八八艦隊が出現するばかりでなく、しかも第二線の戦艦と巡洋戦艦が四隻ずつになるので、第一線と第二線合わせて八隻一隊とする三個隊の大艦隊が成立するはずであった（戦史叢書『海軍軍戦備〈1〉』）。しかし巨額の財政支出が必要になることはいうまでもないことで、国家総予算に占める海軍費は、六年に二二・一％であったものが十年には三二・五％にも達し、海軍が国家財政を危殆《きたい》に追い込むことは目に見えていた。

米英の建艦競争

第一次世界大戦がはじまった頃までは、イギリスが抜きん出た海軍大国であった。大正元年に超ド級戦艦「オライオン」、超装甲巡洋艦「ライオン」を就役させ、建造技術面でも指導国の地位を確保していた。これを猛追したのがアメリカであった。超ド級戦艦「ニューヨーク」「ネバダ」「ペンシルバニア」級を相次いで就役させ、大正三年にパナマ運河が完成したこともあり、太平洋への進出に積極的になった。五年、海軍長官J・ダニエルズは議会に海軍大拡張計画案を提出し、ほぼ原案通り承認された。ダニエルズ計画と呼ばれる計画案は、戦艦一〇隻、巡洋戦艦六隻を基幹とする一五五隻を三年の間に着工しようというもので、計画が完了すればアメリカの地位が飛躍的に高まることが予想された。しかし翌六年に第一次世界大戦に参戦し、護衛用艦艇の大量建造が必要になったため、計画は自動的に延期されることになった。

太平洋における軍事対立

第一次世界大戦終結後、ダニエルズ計画は再び動き出し、大正八年にはハワイの真珠《しんじゅ》湾《わん》に太平洋艦隊が配備され、日本を刺激した。一方イギリスは、財政逼迫《ひっぱく》のため建艦競争から一時退いたが、ユトランド沖海戦の司令長官であったジェリコ提督が太平洋方面を視察し、日本の台頭に脅威を感じ、八八体制を目差した太平洋艦隊の創設と、シンガポール港に大型船渠《せんきょ》を建設して近代的軍港機能を持たせる等の提言を行ない、こちらも日本をひどく刺激した。日米英が建艦計画を継続し、海軍戦力の強化をはかれば、それぞれの国家財政に大きな負担をかけることになるばかりでなく、太平洋をめぐる三国間の軍事的対立を深め、やがては軍事的衝突もありうる状況を招来しかねなかった。

各国の軍縮気運

三国の海軍競争を停止させる方法として、それぞれの国の世論が求めたのが軍縮であった。日本では、憲政会の尾崎行雄が軍備縮小論を掲げて寺内正毅《まさたけ》内閣を批判し、国会を飛び出して全国を遊説して回り、軍縮を訴えて多くの支持者を得たが、政府を動かすには至らなかった。これに対してワシントン軍縮を主導したアメリカの軍縮論議は、実は草の根運動から発展したものであった。上院議員ウィリアム・ボラーは、政府に軍縮を訴えたが相手にしてもらえなかった。ウィルソン大統領に代わった新大統領ハーディングに至っては、軍縮に対して冷淡であった。やむなくボラーは、労働界、宗教界、各種婦人団体等の会合に出向いては、軍縮を説く草の根運動に方針を転換した。そのうちにマスコミがボラーの運動を取り上げ、少しずつ理解者が増え、彼の名前も全国に浸透しはじめた。やがて彼が演説すると、数千人、数万人も集まるようになり、軍縮を求める大衆運動の波が巻き起こったのである。

アメリカの事情

直接民主制のアメリカでは、つぎの大統領選挙、上下院議員選挙も絡んで、こうした大衆運動を無視することはできない。そんなとき、軍縮によって財政を立て直したい英海軍大臣から海軍軍縮はアメリカが主導権を握るべきだと示唆されると、ハーディングは今までの態度を一八〇度転換して軍縮推進論者になり、片腕のヒューズ国務長官に軍縮会議実現のために行動をとるよう指示を出したのである。ここに至るまで、軍人が一切関係していない点に注目すべきである。

軍縮の狙い

海軍軍縮には、各国の財政負担の軽減と太平洋の平和維持という二つの狙いがあったが、日本に提案されるとともにこの目的が霞んでしまい、軍備の技術的問題つまり国防上の兵力量の話に転化してしまった。そのため日本では、海軍軍縮を海軍軍人だけの専有的問題として他分野の者に口を差し挟ませない状況が生まれ、そのため大局的見方ができず、視野の狭い専門的見地に立ってしか議論できなくなってしまった。専門家には、往々にして本質を忘れ細部の数字にこだわる傾向があるが、軍縮問題はこの弊害がもろに出る結果になった。

日本政府の基本方針

日本政府に対して、英政府からは太平洋会議、米政府からは海軍軍備制限会議の提案があった。これを受けた日本政府は政府指針を示すことなく、外務省官僚、陸軍省及び海軍省軍人からなる打合会を設け、対応策を検討させた。ここに技術論に走った契機がある。海軍側の出席者は、海軍次官井出謙治《いでけんじ》、軍令部《ぐんれいぶ》次長安保清種《あぼきよかず》、軍務局長堀内三郎、海大校長加藤寛治《ひろはる》、海軍省各課長の斎藤七五郎《しちごろう》、山梨勝之進、末次信正《すえつぐのぶまさ》らで、いずれも海軍を代表する逸材である。彼らがまとめた基本方針は、対米七割、上限八八艦隊〜下限八四艦隊、航空勢力削減反対、台湾・奄美・小笠原の防備とグアム・フィリピンの防備の均衡であった。軍縮の本質は健全な国家財政の実現だが、いかに財政負担を減らすかという視点がまったく欠如していた。自分の主張だけを議論し、日本政府の財政事情、英米の狙いを推し量ろうとする姿勢が欠落していた。

海軍軍人の軍縮観

東郷平八郎《とうごうへいはちろう》が軍縮も戦争であると語っているが、軍人の軍縮観をよく表現している。軍人の専門的見地に立った議論は、実は交渉における譲歩不可能ラインの設定に様変わりしてしまう。そのため実際に交渉がはじまると、このラインを死守するために猛然と戦いに出る随員、国内で軍縮反対に奔走する軍人が登場することになる。

ワシントン会議

海軍軍縮と太平洋の平和について話し合うワシントン会議は、中国の主権を尊重する問題も取り上げたので、三つの件について議論が行なわれた。いずれも重要な問題ばかりで、軽重をつけることはむずかしいが、今日に至るまで日本では海軍軍縮に特化する傾向がある。ワシントン会議の日本代表に選ばれたのは、海相加藤友三郎、貴族院議長徳川家達《いえさと》、外務次官埴原正直《はにはらまさなお》であったが、途中で埴原が病気になり駐米大使幣原喜重郎《しではらきじゅうろう》が交代した。埴原は、外交専門誌『外交時報』の創刊者としても令名高い外交官であった。海軍関係の随員は加藤寛治、末次信正、永野修身《おさみ》、野村吉三郎《きちさぶろう》らであった。

米代表ヒューズの提案

海軍軍縮問題は、大正十年十一月十二日の米代表ヒューズ国務長官の爆弾提案によって火蓋が切られた。その趣旨は、主力艦の建造計画放棄、老齢艦の一部廃棄、関係各国の主力艦の保有量はその現有勢力を考慮してそれぞれの縮小幅を決めようというもので、アメリカが算出したところ、概ね米英五〇万トン、日本三〇万トン、仏伊一七・五万トンになった。算出根拠が疑問で、この唐突な提案に最も激怒したのが、イギリスとの対等を国是としてきたフランスであった。つぎに対米七割が海軍の生命線と考える日本であった。

米英と日本との違い

このヒューズの提案を表にすると、つぎのようになる。

表で読み取れるようにアメリカは、率先して主力艦の建造中止、廃棄をやろうとする

ネイバルホリデー

米代表ヒューズの軍縮案

（単位：トン）

	建造中止		廃棄量		保有量		代艦建造量
	隻数	排水量	隻数	排水量	隻数	排水量	
イギリス	4	170,000	23	538,375	22	604,450	500,000
アメリカ	15	620,000	30	845,740	18	500,650	500,000
日本	7	290,000	17	448,928	10	299,700	300,000

姿勢がうかがえる。日本は軍縮を軍事上の問題にしか捉えないが、市民の草の根運動からはじまったアメリカの軍縮政策は、むしろ国内問題に近い性格を持ち、国民が納得する高い削減量を打ち出す必要があったのである。イギリスも破綻しかかった財政立て直しが急務であり、国民も強い関心を持って政府の軍縮政策を見守っていた。こうした英米に比べ、日本政府の取り組み、軍縮会議の全権団に国民の存在が視野に入っていたとはとても思えない。海軍軍人の専門的、技術的要求ばかりに偏重する日本の姿勢は、こんなところに主な原因があった。

なお表では見えない要点を挙げると、まず軍縮協定成立から十年間は代艦建造を禁止していることで、財政負担が大幅に減るこの期間をネイバルホリデー（naval holiday）と呼ぶようになる。十年後から代換建造できるが、艦齢が二十年以上のものに限られること、三万五〇〇〇トンを超える艦は建造できないこと、などの制限が付けられた。なお「軍縮」の実現によって、国家、国民が一休みするという意図が随所に織り込まれていた。

各国委員の顔ぶれ

ヒューズ案に対する各国の意見の隔たりは大きく、専門委員会を設置して検討させることにした。専門委員の顔ぶれを見ると、アメリカは海軍次官のセオドア・ルーズベルト二世、イギリスがビーティ元帥《げんすい》、フランスがルボン中将、イタリアがアクトン元帥で、日本は加藤寛治であった。加藤は終生軍縮に反対し続け、のちに「艦隊派」といわれる強硬派の事実上のボスになった人物で、どうして加藤友三郎が加藤寛治を選んだのか、その真意がよくわからない。予想通り、加藤寛治は海軍の対米七割説を主張して譲らず、これに対してルーズベルトも対日六割を主張して譲らなかった。このため専門委員会で決着せず、全権間交渉に委ねられることになった。

対米七割思想

対米七割思想は日露戦争後に徐々に形成されたといわれるが、確かな起源はわからない。海軍の一方的勝利に終わった日本海海戦を経験した世代は、勝敗にとって軍艦の数が当てにならないことぐらい知らないはずはないが、随行した日本海海戦世代の海軍軍人は、この数字が確保できないと日本を守れないという。加藤寛治は要求が通らないことがわかると、病気を理由に帰国してしまう。

交渉の推移

全権間交渉も日米の主張が対立し、決裂しかねない情勢になり、英外相バルフォアが調停に乗り出した。日本の対米六割受諾を代償に、アメリカに対してフィリピンとハワイの軍備を制限する妥協案を提案し、加藤友三郎全権が「太平洋における防備制限」と廃艦リストにあった戦艦「陸奥《むつ》」の復活を条件に、バルフォア調停を受け入れることにした。

条約実施後の予想勢力

軍縮条約が実施され、十年間のネイバルホリデー後、数年から十年かけて代換の軍艦建造が行なわれたとして、予想される勢力は上表のようになる。

ネイバルホリデー後の代艦建造量

(単位：トン)

	条約調印時勢力		代艦建造後最終勢力
アメリカ	18隻	500,650	525,000
イギリス	22隻	580,450	525,000
日本	10隻	301,320	315,000
フランス	10隻	221,170	175,000
イタリア	10隻	182,800	175,000

互いに身を削る条約を守れば、軍縮を免れる国はなかったが、日本は対米七割を確保できなかったことを非常に不満とした。池田清は、「日本の西太平洋における海上権掌握を認めたことになる」(『日本の海軍〈下〉』朝日ソノラマ七四頁)と評価しているが、そのように考える海軍軍人は少なかった。大局的、戦略的に考える軍人が少なかったことを物語っている。それでは、軍縮を目的とした国家財政への負担軽減の方はどうであっただろうか。

国家予算の負担軽減

補助艦制限問題

国家予算に占める海軍の予算(1)

(単位：円)

	大正７年	大正11年	大正13年	昭和元年
海軍予算	483,589,000	373,892,000	282,275,000	239,645,500
国家予算中の割合	32.5%	26.1%	15.8%	14.3%

軍縮条約が調印された大正十一年から、海軍予算が目に見えて縮小していることがわかる。日本でも目的は十分に達成されたと見てよさそうである。だが海軍軍人は、国民が喜ぶこうした成果には関心がなかった。民主主義国家の軍人とは明らかに違う対応をしている。軍縮を含めてワシントン会議で多くの約束をしたが、これを「屈従外交」と受け止め、無理を押し付けた米英に対し、どうやって巻き返すかを考えるようになっていく。

二　第一次ロンドン軍縮会議

軍縮会議の方は、主力艦（戦艦・巡洋戦艦）以外の艦船を指す補助艦の制限問題へと移った。主力艦制限に最も不満であったのは、日本よりずっと多くの艦を削減させられ、国家の威信を傷つけられたと感じたフランスであった。補助艦問題になると、同国代表は頑として主張を譲らず、イギリスと激しく対立した。決まったのは、巡洋艦の最大排水量を一万トン、搭載砲の最大口径を八インチ、空母保有量を英米一三万五〇〇〇トン、日本八万トン、仏伊六万トン、空母最大排水量を二万七〇〇〇トン以内に収めることぐらいで、妥結できなかった問題は、今後の再協議に付されることになった。

ジュネーヴ会議の失敗

山本が軍縮協議にかかわるのは補助艦問題からである。昭和二年にこの問題を討議したのがジュネーヴ軍縮会議だが、仏伊二国が出席を断り、日米英の三国だけの会議になった。三ヵ国の主張が対立し、結局会議は失敗に終わった。しかしワシントン条約で犠牲を強いられたと感じる日本などは、制限のない補助艦の改造や建造に力を入れて主力艦の不足を補うことにつとめたため、この分野で軍拡がはじまりそうな気配であったのである。それだけにアメリカは、補助艦に関する軍縮条約の締結がどうしても必要であると考えた。つぎに開始されるのがロンドン軍縮会議である。五年の第一次会議と九年の第二次会議予備交渉があり、第一次会議では、日本の国論が統帥権干犯問題も絡んで沸騰し、国内政治と海軍内に深刻な亀裂を生んだ。

山本の立場

山本は両ロンドン会議のいずれにもかかわった。前者では全権委員随員を、後者では日本代表をつとめた。だが山本が軍縮についてどう考えていたのかわかりにくい。自説を絡めない方がいいと考え、硬軟両論と一定の距離を保ちつつ、日本の代表の一員として海軍省からの指示通りに動いた。

艦隊派と条約派

ロンドン軍縮をめぐり海軍は、「艦隊派」と「条約派」と呼ばれる二派に分裂したといわれる。実態がすこぶる不透明でありながら、二つの党派が成立したと見るのは、少々飛躍しすぎであろう。海軍軍人が、軍縮条約に反対する者と、積極、消極姿勢の程度差はあれ、賛成する者とに分けられたというのは、確かであろう。山本の場合は、交渉の渦中にある者として賛否の色を鮮明にしなかったか、できなかった。政府の訓令通りにしか動けなかったのである。のちに賛成の態度を示した者が次々と海軍を追われたが、山本が追われずにすんだのは、艦隊派からは条約反対と見られ、条約派からは条約賛成と見られたからである。

日本全権団の使命

ジュネーヴ会議での対立に懲りた米英は事前に調整し、合意に達したあとで日本、フランス、イタリアの代表団をロンドンに迎えた。日本の全権は前首相若槻礼次郎《わかつきれいじろう》、海相財部《たからべ》彪《たけし》、駐英大使松平恒雄、駐ベルギー大使永井松三、全権顧問に安保《あぼ》清種《きよかず》大将、首席随員に左近司《さこんじ》政三《せいぞう》中将、随員として少将に進級したばかりの山本、豊田禎次郎《ていじろう》大佐、野村直邦《なおくに》大佐、佐藤市郎大佐らであった。全権団に託されたのは、昭和四年十一月二十六日の閣議で決定された「不脅威不侵略の軍備」を実現する三大原則を通すことであった。三大原則とは、㈠昭和六年度末の日本の現有量を補助艦所要兵力量の標準とし、比率を対米七割とす、㈡八インチ砲搭載大型巡洋艦は対米七割を保有す、㈢潜水艦は昭和六年度末の保有量を保持す、であった。三大原則は対米七割軍備を謳い、自己が保有すべき潜水艦量を明示する守勢の指針で、英米をも牽引する内容を盛り込んだ攻勢的提案ではなかった。代表団は、十一月三十日、横浜からサイベリア号で出発した。

第一次ロンドン軍縮会議

昭和五年一月二十一日からはじまった会談は、一〇回にも及んだが妥協点は見つからなかった。仏伊は主張がまったく通らないことに憤り、途中で脱退している。会議は日本と米英の対立が激しく、このままだと決裂が危惧される状況になった。この後、事態を変えたのは、精魂尽き果てた若槻に代わって、松平が米全権のリード上院議員と私的に会談し、局面打開の妥協案をつくり上げたことにあったというのが通説である。だが

妥協案

青木得三の『若槻礼次郎　浜口雄幸―三大宰相列伝―』（時事通信社八三―四頁）によれば、三月十二日に若槻が斎藤博（のち駐米大使）を連れて米全権スチムソン国務長官を訪ね、忌憚のない話し合いを行なった。その際、総括トン数を計算する必要が生じたので、計算の得意なリードを呼んで作業させ、ようやくにして妥協案が成立するに至ったとしている。この場には、一度も松平は姿を見せなかった。青木の記述の方が具体的で信憑性

が高い印象を受ける。

山本らの反対意見

妥協案は総括量を対米六割九分七厘五毛とし、大型巡洋艦（甲巡）は対米六割二厘、軽巡洋艦（乙巡）は七割、駆逐艦も七割、潜水艦は日米同量の五万二〇〇〇㌧、つまり十割にするというもので、全体として日本の要求がほぼ達成される内容であった（「倫敦軍縮会議　摘要」海軍省軍務局）。ところが海軍の随員がこれに鋭く反論し、わけても山本、山口多聞《たもん》中佐の二人が激しく反対した。反対の理由は大きく分けて二つあり、一つはワシントン条約後に建造に力を入れてきた大型巡洋艦も主力艦と同率では国防に責任が持てないこと、もう一つは、潜水艦が五万二〇〇〇㌧では向こう五年間にわたり新造できないことになり、建艦能力が低下すること、であった。山本らの反対によって、日本代表団は混乱に陥った。財部海相が海軍の随員をまとめなければならなかったが、指導力に欠けるだけでなく、妥協案の価値を説得する見識にも欠け、混乱は広がるばかりであった。

そのようなとき、フランス全権であるデュメニル海相が若槻・財部に面会を申し込んできた。話題が潜水艦に及ぶと、財部がイギリスはどの程度まで削減を要求してきたのか尋ね、デュメニルは六万六〇〇〇㌧と答えた。日米の妥協案より一万四〇〇〇㌧も多い数字に驚き、若槻も財部も動揺した。

賀屋興宣を恫喝

この話を聞いた山本は、財部に対して、もう少し強く出れば英米から譲歩を引き出せるのではないかと強く迫った。大蔵省派遣の随員で太平洋戦争開戦時に蔵相になった賀《か》屋《や》興宣《おきのり》が、財政負担の軽減を考慮すると、この辺で妥協した方がいいという趣旨の発言をすると、山本が「賀屋黙れ、なお言うと鉄拳が飛ぶぞ」と恫喝《どうかつ》、これが彼をして艦隊派から同志であると受け止められた一因になった。軍隊を経験した者は鉄拳の一つや二つくらい何でもないと思っているが、紛れもなく暴力による発言封じであり、他分野の話に耳を傾けない軍人の性格を表す挿話である。

軍人の精神

もともと軍縮の動機は財政負担軽減にあり、賀屋の言うのが正論である。国防の弱体化によって国が滅ぶこともあれば、財政破綻によって滅ぶことも少なくないことを、山本をはじめとする軍人たちは考慮しなかったのである。武士たる者はお金のことなど口にすべきでないという精神が明治以降の軍人をも支配し、軍の使命である国防への支出は、すべての財政支出に優先すると考えていたようだ。

総力戦の内実

第一次世界大戦後の世界では、総力戦体制を築くために政治、経済、社会、文化等の諸分野も軍事との関係を深め、戦争に参加することが求められた。総力戦について陸海軍に温度差があったが、将来の戦争が、軍事以外の分野も動員して行なわれると考える点では共通していた。ところが近代日本では、日清・日露戦争が行なわれたこともあって軍事部門が突出し、そのため他の分野の進歩が立ち遅れ、とくに社会資本の未発達が目立つようになった。総力戦では、立ち遅れた分野があると、そこに集中的に国家の弱点が現れる特徴があり、国防上からも均等な発展が望ましかった。一例を挙げると、道路整備が遅れ、自動車の普及が著しく遅れた日本は、内燃機関を装備する兵器の分野で欧米に大きく水をあけられ、第二次世界大戦期において苦杯をなめる要因になった。軍縮の実施は、英米等に比してははるかに遅れた社会資本を充実する好機であったが、アメリカを見てきた山本にしてもそこまで口に出さなかった。

妥協案をめぐる対立

山本等の激しい反発は、海軍の人間が入らない場で若槻が妥協案をまとめたことにあった。しかし若槻も強硬であった。自分が乗り出したからこそ妥協案が成立したのであり、あなた方でまとまるのか、といった態度であった。三月十五日、全権団から政府に対して、妥協案に対する政府見解を求める請訓の電報が発せられた。日本全権団内の対立は英米側に知られるところとなり、両国は東京の大使館を通じて日本政府に妥協案での調印を働きかけた。天皇は軍縮に賛成であり、浜口雄幸《おさち》首相も軍縮の実現を期待していた。問題は海軍にあり、部内が軍縮を受け入れる者と、そうでない者とに分裂する様相を呈しはじめていた。

艦隊派のいわれ

海軍部内の対立は、軍縮に対する海軍省と軍令部との態度の相反を中心軸とし、マスコミが賛成者を「条約派」、反対者を「艦隊派」とに分類したことにより、個々の海軍軍人まで色分けされるようになった。反対者を「反対派」と呼ばないで「艦隊派」と呼んだ理由は明らかではない。「艦隊派」なる呼称は、明治三十年代、海軍省を牛耳る山本権兵衛《ごんべえ》とこれに対抗した柴山矢八《やはち》を中心軸とするそれぞれのグループを、マスコミが前者を「本省派」、後者を「艦隊派」と呼んだのが最初である。柴山が鎮守府《ちんじゅふ》・艦隊回りばかりしているところから「艦隊派」と呼んだが、軍縮条約をめぐる対立における「艦隊派」も、軍令部だけでなく鎮守府や艦隊回りの軍人に反対者が多かったゆえにつけられたものらしい。

東郷平八郎

しかし、ロンドン軍縮条約をめぐる対立は複雑であった。天皇が軍縮条約を支持し、内閣も軍縮の実現に前向きで、大勢は条約調印を肯定する気運であった。だが、条約反対者たちが東郷平八郎を担ぎ出し、現役だけでなく予備役・後備役も加わって、「艦隊派」と呼ぶ徒党が出現した。軍組織の序列は日露戦争の英雄といえども遵守しなければならず、昭和四年三月に先任の井上良馨《よしか》元帥が死去するまで、海軍における東郷の序列は二番であった。井上死後、経歴と相まって最も重い存在になった東郷の下に自然に人が集まりはじめ、軍縮問題が持ち上がりはじめると、加藤寛治《ひろはる》をはじめ軍令部、鎮守府、艦隊等の経歴が多い現役軍人に限らず、東郷を信奉する非現役軍人までも蝟集《いしゅう》しはじめたのである（筆者「昭和七年前後における東郷グループの活動」㈠㈡㈢）。

条約派の実態

他方、マスコミに勝手に条約派の中心人物と目された全権財部彪には、義父山本権兵衛の後ろ盾があるかのように囁《ささや》かれ、艦隊派と条約派の対立は、あたかも東郷と山本権兵衛の両雄の争いに仕立てられた。しかし条約派には、中心軸となるべき人物が見当たらず、縦の統制も横の連携も存在した形跡がなく、党派というのはいいすぎである。換言すれば、条約調印を支持した者が条約派というにすぎない。しかし艦隊派の方は、東郷を担いで海軍の内と外とを合わせて反対勢力と呼べるような党派をつくり、圧力集団として、海軍だけでなく政局の動向にも大きな影響力を振るった。

狭義の艦隊派

なお艦隊派については、もう一つの解釈ができる。軍令部長加藤寛治、次長末次信正が中心となって率いた現役の条約反対者集団だけを艦隊派という見方である。一方は、ワシントン軍縮に強い不満を持っていた非現役、右翼・国粋主義者、政党政治家までも反対運動に取り込んだ広義の艦隊派であるのに対して、他方は狭義の艦隊派である。

艦隊派の工作

狭義の艦隊派は現役であるがゆえに行動力が弱く、それゆえ広義の艦隊派の一部となって行動することが多かった。海軍を動かし政局を動かしたのは広義の艦隊派であり、ロンドン軍縮問題を契機に日本の政治が混迷を深めていく要因の一つは、この広義の艦隊派の跋扈《ばっこ》といってもいいであろう。例えば、天皇が軍縮に熱心であった中で、「統帥《とうすい》権干犯《けんかんぱん》」という奇妙な用語を流行らせたのは艦隊派の工作であった。また陸海軍の不穏な動きを封じるには、皇族の人徳にすがるほかないとして、参謀総長に閑院宮載仁《かんいんのみやことひと》親王、軍令部長に伏見宮博恭《ふしみのみやひろやす》王を据えたのも艦隊派の工作であった。

日本政府の見解

全権団の請訓に対して、政府の見解及び指示を明らかにする回訓を送らねばならなかったが、海軍部内が分裂している状態では、容易に政府見解を明らかにできなかった。三月二十七日の浜口雄幸首相、軍事参議官岡田啓介大将、加藤軍令部長の三者会見によって、大局的見地から妥協案を認める代わりに、それによる兵力量の不足を補充策によって補う解決策が合意された。東郷も、補充策が認められれば、あとはどうにでもなるといって政府方針に同調し、あくまで絶対反対を叫んでいた周囲をひどく落胆させた(加藤寛治遺稿『倫敦《ロンドン》海軍条約秘録』昭和四十五年)。四月一日には、海軍次官山梨勝之進《かつのしん》も加えた四者会見を開き、閣議にかけた上で回訓することが決定された。この席で加藤は、この案では困りますと言っているが、とくに強く反対しなかった。日米英三国補助艦協定が成立したのは翌二日である。

統帥権干犯問題

「統帥権干犯」の議論が巻き起こるのは調印後である。それまで陰で反対運動をしていた者たちも表面に出てきて活動をはじめた。浜口民政党内閣を倒すために、政友会も反対運動に加わった。六月十日に加藤は帷幄《いあく》上奏《じょうそう》を行ない、政府回訓は統帥部の同意を得ずして行なったもので、統帥権の干犯であると弾劾《だんがい》して辞表を提出した。統帥権を盾にするなら、統帥権を有する天皇の意志を問題にすべきであって、統帥権を補佐する立場にあるにすぎない軍令部云々は筋が通らない。回訓を受けた代表団の中には激昂して鼻血を流す者もあり、山本も激しく不満を述べた中にいるが、調印を眺めるほかなかった。

軍備補充論

再三述べるように、軍縮の目的は財政負担の軽減にある。ロンドン海軍条約調印の成立のために、政府は反対論を鎮める意図で軍備補充策の実施を約束した。補充策は三点あり、現存艦船の能力向上と制限外艦船の充実、航空兵力の整備充実、防備施設・水陸施設・出師準備の充実等であり、とくに航空兵力の充実に重点を置いた点に特徴があっ

財政負担の増加を招く

た。もしロンドン条約を契機に補充策関係支出が増えるようであれば、軍縮は英米との協調という成果を残しても、目的達成には失敗したことになる。そこでロンドン軍縮以後の海軍予算を俯瞰《ふかん》してみると、それまで国家予算の一五%代に低減し、それなりの成果を上げていたものが、ロンドン軍縮条約を調印した翌年から若干増え出すのである。

ロンドン軍縮会議調印式

増加の原因は、補充策への支出であった。とくに航空戦力の充実をはかるため、昭和六年に着手された第一次軍備補充計画によって、十七個航空隊をさらに十四個増やすことになり、航空隊設備予算だけ見ても、昭和四年度の八万一七五〇円から六年度の四四七五万九五四一円に急増している(『海軍』第十四巻二二〇頁)。軍縮のはずが、軍縮による兵力削減を他の手段で補う方針によって、かえって財政負担が増えてしまったわけである。これでは、日本における軍縮は事実上の破綻であり、

国家間関係に無関心

国家予算に占める海軍の予算(2)　(単位：円)

	国家予算	海軍予算	海軍予算割合
昭和4	1,478,875,264	227,128,589	15.4%
昭和5	1,950,140,623	312,809,294	16.0%
昭和6	2,254,662,236	409,975,143	18.1%

意義を失ったとしかいいようがない。この時点で、日本海軍はワシントン軍縮・ロンドン軍縮から離脱する道をすでに歩みはじめたものといえる。

軍縮の分を補充計画でカバーすることは、海軍が戦力の削減を一切認めなかったことと同じで、海軍に軍縮に応じるつもりがなければ、軍縮は空洞化するばかりである。強い軍備によって国を守るのも国家のためだが、国の財政負担を軽減させることも国家のためであり、どちらも国家のために欠かせなかった。海軍軍人は前者にしか関心がなかっただけでなく、軍縮が外国との約束事であり、これを破れば国家間との対立を助長しかねないにもかかわらず、海軍軍人が国際通という一般論とは裏腹に、意外なほど国家間関係に無節操であった。

三　第二次ロンドン軍縮会議予備会議

軍縮条約の期限が迫る

軍縮の空洞化が進行しているにもかかわらず、英米両国は昭和十一年に期限切れになるワシントン条約とロンドン条約の存続を希望していた。そこで九年五月、イギリスのサイモン卿の名でワシントン条約署名五ヵ国宛に、ロンドンで予備会議を開催したき旨の提案が行なわれた。六月から七月にかけて会議が行なわれ、駐英大使松平恒雄が日本政府を代表して出席した。しかし何の成果も上げられず、共同声明を出しただけで打ち切られた。九月に入って、予備会議が開催されることになり、その代表に山本が任命された。大将級が出る会議に少将の山本を出さざるをえなかったのは、いわゆる大角《おおすみ》人事によって山梨勝之進、左近司政三らが現役を追われ、山本の先輩である世代の中に、代表にふさわしい人物が見つからなかったためと思われる。前回のロンドン会議での山本の厳しい言動が忘れられていなかったことも関係していた。

代表山本の補佐体制

海軍は山本の交渉をバックアップするために、以下のような組織を準備した。組織の構成を見ると、同一人名が各課に見えており、実際の規模はそれほど大きくはなかった。

構成員

岩下大佐は軍令部一班一課長の岩下保太郎《やすたろう》、岡大佐は軍務局勤務の岡敬純《たかずみ》、光延少佐は海軍省軍務局一課付の光延東洋《みつのぶとうよう》、藤田大佐は軍令部出仕兼海軍省出仕の藤田利三郎《りさぶろう》、榎本書記官は海軍省参事官榎本重治《じゅうじ》、柳本中佐は英大使館付武官補佐官柳本柳作《やなぎもとりゅうさく》、

予備交渉のバックアップ機構

山本少将
- 秘　書―光延少佐、溝田嘱託
- 総務課（岩下大佐）
  - 総務班―藤田大佐、榎本書記官、光延少佐
  - 渉外班―岡大佐、柳本中佐、光延少佐、溝田嘱託
  - 文書記録・電信班―山澄少佐
- 考査課（岩下大佐）―藤田大佐、岡大佐、光延少佐、山澄少佐
- 情報課（岡大佐）―柳本中佐、光延少佐、山澄少佐、溝田嘱託

（「昭和十年海軍軍縮会議予備交渉経過原稿」）

堀悌吉への手紙

山澄少佐は教育局一課局員山澄《やまずみ》貞《てい》次郎《じろう》である。溝田については関連資料がない。

九月二十日、山本は榎本書記官、光延少佐、溝田嘱託を伴い、日枝丸で横浜を出帆した。アメリカ経由でイギリスに渡ったが、アメリカから最も信頼する堀悌吉《ていきち》に礼状を送っている。

（九月）二十日は雨天なりしも千代子さん（註：堀夫人）ハ態々《わざわざ》横浜まで来られた東京

駅や横浜で何とか同盟とか連合会とかのとても落ち着かぬ連中が決議文とか宣言書とかを読んで行を壮にしたのは不愉快だった。
あんなのが憂国の士とは誠にあぶない心細い次第だ。

（『大分県先哲叢書』第一巻三二五頁）

軍国主義への危機感

軍縮には強硬論者と見られた山本だが、それは海軍内のことであって、右翼主義者や国粋団体が割り込んできて軍縮打破を叫ばれるのは、不愉快きわまりなかった。山本が軍国主義の風潮に危ういものを感じたのは、このときであったと思われる。

英米代表との格差

予備会議の米代表はスタンドレー大将、英代表チャトフィールド大将で、ともに日本の軍令部長に相当する要職にあった。山本は少将で、しかも中央の要職に一度もついたことがなかった。山本に責任はないが、日本の対応は国際的礼儀を欠き、日本の軍縮に対する投げやりな姿勢を表している。海軍は大慌てで人事手続きを進め、十一月十五日、山本を現地で中将に進級させた。

堀　悌吉

各国共通の保有限度を提案

山本がロンドンに持っていった日本の提案は、不脅威不侵略を原則に各国の安全感を損なわず、しかも攻撃的軍備の大幅削減を謳う矛盾したものであった。具体的方策として、各国共通の最大保有限度を決め、主力艦の全廃、航空母艦の全廃または縮小、質的制限の撤廃を掲げていた。日本の計画は日英米が共通の最大保有限度内で、自国にふさわしい保有をすればよいというものだが、これまでの日本の主張を見れば、英米と同量の保有を目指すのは自明のことで、本心が見え透いた日本の提案は、まじめに軍縮に取り組む意思のないことを英米に暴露するようなものであった。仮に各国共通の最大保有限度が認められるとして、日本は太平洋にのみ艦隊を展開すれば足りるのに対して、英米両国は大西洋と太平洋に展開しなければならないため著しく不利になる。してみると日本が太平洋で圧倒的に優位に立つ提案を英米が受け入れる可能性は皆無といってよく、日本が本気で軍縮に取り組もうとしていないと思わせるに十分であったわけである。

提案の意図するところ

主力艦及び空母の全廃というのも突拍子もない提案で、大胆な提案というよりも、会議のぶち壊しを念頭に、はじめからまとまる余地を排除した提案を準備したとしか考えられない。山本が日本を発つ前の九月七日、閣議はワシントン条約廃棄を決めており、これによって主力艦に対する制限を取り払うことができれば、補助艦の制限などどうでもよかったのかもしれない。

会議の休会

会議は予想通り最大保有限度をめぐって行き詰まり、交渉期限の十二月十一日を迎えた。山本は、東京に「この案は国交に影響を及ぼすべきこと申すまでもなし」と打電し、二十日に会議は正式に休会になった。

堀悌吉の処分

この間、東京では大角人事が吹き荒れ、条約支持者が次々と現役を追われていたが、ついに堀悌吉にも刃が向けられ、十二月十五日をもって海軍を追われることになった。九日付の山本から堀への書翰に、

出発前相当の直言を総長にも大臣にも申述べ大体安心して出発せるに事茲《ここ》に至りしは誠に心外に不堪《たえず》、坂野（常善《つねよし》、軍事普及部委員長）の件を併せ考ふるに海軍の前途は真に寒心の至なり

如此《かくのごとき》人事が行はるる今日の海軍に対し之が救済の為努力するも到底六《むず》かしと思はる。矢張山梨（勝之進）さんが言はれし如く海軍自体の慢心に斃《たお》るるの悲境に一旦陥りたる後立直すの外なきにあらざるやを思はしむ

（『大分県先哲叢書』第一巻三二六頁）

山本の海軍首脳に対する不満

と、出発前に堀等の処置を頼んだにもかかわらず、踏みにじられた海軍首脳に対する強

い不満、海軍の現状に対するきわめて悲観的な所見を述べている。海軍中央に強い不信感を抱き、海軍は落ちるところまで落ちて、それから立て直す以外にないという山梨の意見に共感を持たざるをえなかった。すでに予備会談は休会が決まり、その原因となった日本の突拍子もない提案の説明を山本に託した海軍に腹が立っていたが、今また堀等の追放に怒りを抑えきれない様子がうかがえる。

ワシントン軍縮条約廃棄

休会直後の十二月二十一日、定例閣議でワシントン軍縮条約廃棄通告の手続きが決まり、皮肉にもロンドン会議で若槻がスチムソンと妥協案を決める席に立ち会った斎藤博が、駐米大使として廃棄通告書をハル国務長官に手交した。こうした政府の決定を知らないまま山本はシベリア鉄道に乗り、昭和十年二月十二日に帰国した。

第二次ロンドン海軍軍縮会議

第二次ロンドン会議は、山本が行った予備交渉の中断からほぼ一年後の昭和十年十二月九日、五ヵ国が参加して英外務省で開催された。日本全権は軍事参議官永野修身《おさみ》大将と駐英大使永井松三である。永野は山本にも随行を強く求めたが、日本が先の無茶な提案を引っ込めない限り妥結の余地はほとんどなく、まとまる当てのない会議に出るなどバカらしい、と最後まで固辞した。日本海軍の意志は軍縮離脱であり、会議を続ける意味はなかった。

無条件時代の到来

昭和十一年一月十五日、日本代表は、翌十六日に軍縮会議脱退に関する通告文を議長である英代表に提出した。ワシントン軍縮条約もロンドン軍縮条約も昭和十一年末で無効になり、そうなると十二年からは軍備拡大に対する歯止めが利かなくなる。これを無条約時代と呼ぶ。日本海軍は軍縮反対であり、そのため無条約時代を大歓迎した。規制がなくなった下で、日本だけが軍備拡大できれば独立の基盤は強化される。だが無条約になれば、諸外国も必ず軍備強化に走るはずで、日本の軍事力は相対的にはさほど強化されることにならない。

軍縮の利点を見失う

トラを野に放つがごとく、日本を野に放つのが得策か、アメリカを野に放つのが得策か、日本海軍にとってどちらの利点が大きいか考えたようには見えない。軍縮によって、強大なアメリカを檻に閉じ込めることができる利点を理解していた海軍軍人は、加藤友三郎などほんの一部である。あとの大多数の海軍軍人は、野に放たれた米海軍がどう出るか、少しも考えていなかった。まったくの独善である。国をあずかる者は、冷静にこうした計算ができなければならない。日本の軍縮離脱は、自己と他者の能力を比較分析して、最もよい選択肢を見つける判断力を喪失しつつあったことを物語っている。

第三　海軍航空隊と海軍航空本部

一　アメリカ留学

二年間のアメリカ研修

ワシントン軍縮会議開催直前の大正十年七月、山本はアメリカ駐在を終えて帰国した。ほぼ二年間、ボストンに部屋を借り、英語研修のためハーバード大学に通った。身分は駐在員で語学将校であった。同郷人で山本の伝記作家である反町栄一の努力により、山本に関する無数のエピソードが収集されているが、その中にハーバード大学留学中のエピソードも多数ある。しかし勉学については、着いた年の七月から英語夏期講習を受けたことぐらいはわかっているが、それ以上のことはほとんどわからない。語学研修だけではすぐに退屈し、何かテーマを持って過ごさなければ、時間と体力が余ってどうしようもなくなったはずである。

明治以来の海外遊学

山本の留学は、ほかの海軍軍人の海外留学と同様に、赴任する国の全般を観察し、その特徴や問題点、進歩がめざましい分野の実情を見聞し、明日の日本について知見を得るといった漠然としたものであった。明治時代以来、官僚や軍人のエリートには、具体的な任務を与えて縛らずに、時間と金を保証して自由に遊学させ、諸外国の実情を肌で感じ取って来てもらう、といった特権が与えられてきたが、山本の留学もそうした性格のものであったようだ。兵学校各期のそれぞれ五名前後の優秀者にこの特権が与えられており、十一番で卒業した山本にこの機会が回ってきたということは、彼に対する評価が次第に上がってきていた証左である。必ずしも本人の希望通りにはならないが、アメリカ留学が山本の希望であるとしたら、その選択はまちがっていなかった。

先進的社会転換を見聞

　二十世紀の特徴は、アメリカを中心とするモータリゼーションの成立、それを可能にしたテクノロジーの高度化と石油エネルギーの大量消費にある。具体的にはそれまでの外燃機関から内燃機関への転換であり、自動車産業を頂点とする産業構造の形成であった。山本が渡ったアメリカは、こうした転換が最も早く、しかも短期間に社会全体に広がり、二十世紀をリードする先進的国家の地位を固めつつあり、彼にとって、こうした変化を直接に観察できることは非常な幸運であったといえる。

山本の研究テーマ

　留学先にアメリカを選んだ山本は、この時から石油の問題、それに飛行機の発達に目をつけ、研究テーマに選んだが、この選択はあまりに時宜に適いすぎている。これまでこうしたテーマに関心を示してこなかった山本が、彼の感性や能力によって急に変わったとは考えにくい。留学生等の海外赴任者の上司は、そこにある日本大使館付の駐在武官である。自由な留学とはいえ、上司の指導を受けなければならなかった。駐在武官は在留する留学生たる軍人から成果報告を受け、指導を与えるのが仕事の一つであり、研究テーマ選びや研究活動についても深くかかわった。

当時の駐米海軍武官は上田良武《よしたけ》大佐で、帰国後、航空機試験所長、技研航空機研究部長、航空機エンジンの開発を担当していた呉《くれ》の広工廠《ひろこうしょう》の廠長、航空本部技術部長などを歴任し、海軍における航空機開発の先頭に立ち続けた人物であった。山本が飛行機の将来性、とくに軍事面における将来性、さらに飛行機が燃料にする石油に着目したきっかけは、上田の山本に対する指導を抜きにしては考えられない。おそらく山本が飛行機について本格的な話を聞かされたのは上田が最初であり、上田の情熱的かつ科学的な話によって、飛行機に対する目が開いたのであろう。山本が留学の挨拶に来て以来、ボストンからワシントンの大使館宛に定期的に報告書を送り、添削を受けて返送される際に、上田から飛行機と石油に関する注目事項をあれこれ指導され、調査研究の方向が固められていったものと思われる。山本が全米各地を見学して回った旅費は、駐在武官である上田が、その目的と意義を考慮して支給している事情からしても、上田の指導が強く作用していたのは間違いあるまい。

日本の課題を発見

明治四十三年に販売が始まったフォードT型やトラックが頻繁に往来し、ガソリンスタンドが街のあちこちに目につく光景を見たり、飛行機が郵便物を運ぶ話を聞いて、内燃機関の全盛期が来ることや、今後のエネルギー資源としての石油の需要がますます増大することを予想した。飛行機についても、上田の話だけで十分であったが、実際に高速化、大型化の趨勢を見れば、数年後には海軍にとっても飛行機の存在を無視できなくなる気配であった。日本より十年、二十年先を行っているアメリカを観察することにより、明日の日本が取り組むべき課題を知ることができた。

石油に関する調査

山本は、石油についてとくに意欲的な調査を行なった。さすがに一人では差し障りがあったのか、外交官の賀来美智雄《かくみちお》と一緒に見て回った。アメリカの油田地帯はカリフォルニアとテキサスだが、名物の油井の井戸を見物し、精油所をいくつも見て回っている。当時のアメリカの石油の汲み上げ、精油、流通機構のいずれをとっても、ロックフェラー系のスタンダード石油会社が圧倒的であったが、十九世紀に建設されたパイプライン、無数の鉄道輸送用タンクローリー、巨大な精油所等を見て、赤子にも等しい日本の石油産業を思い出して、山本と賀来は何を考えたのであろうか。

メキシコ油田を調査

テキサスまで行った山本は、メキシコの石油も相当なものらしいという話を聞き、上司の上田にメキシコ行きを願い出た。とうとう山本の行動力はアメリカを飛び出して、メキシコ油田の調査に赴くまでになったのである。しかし上田には残予算がなく、やむなく山本は自費で行く決心をした。幸い、テキサスを一緒に回ってくれた賀来美智雄が旅費を肩代わりしてくれたおかげで、何とか出発できた。メキシコに入国すると、駐在

駐在武官山田健三

武官に挨拶するためにメキシコシティーの日本大使館を訪ねた。駐在武官は山田健三少佐で、彼は同郷であり、しかも山本の兄の高野季八と共に新発田連隊に所属し、日露戦争では戦友として従軍したと聞いて、いっぺんに親しくなった。ところが山田が急遽帰国することになったものの旅費が足りず、同郷人の窮状を放置できない山本は、賀来から借りてきた旅費を気前よく提供したため、以後はパンと水とバナナのみで過ごす耐乏旅行をせざるをえなくなった。そのため、乞食一歩手前の生活ぶりがメキシコ政府に目を着けられ、日本の亡命者ではないかとマークされるエピソードにまで発展した。

油田への期待

メキシコの石油が有望であるとの話は本当であった。アメリカの油田を買うのはむず

かしいが、メキシコなら今からでも間に合いそうであった。兄の高野季八に宛てた絵ハガキに、「太平洋沿岸の地は有望なるも未試掘の地。肝っ玉の太き人に来て貰はずば物に相成まじく国家的見地から微力ながら推奨申し上候」（反町『人間　山本五十六〈上〉』二五一頁）と、日本の将来のために先行投資するような肝っ玉の大きな人物が出てきてほしいとの願望を語っている。

アメリカとの遅れを憂慮

アメリカがとっくに石油時代に突入し、大規模な石油採掘、精油施設、流通システムをすでにつくり上げていたのに対して、明治の戦勝に酔いしれ、石炭時代から一歩も前進していない日本の現状に焦りを感じた山本の気持ちがよく表れている。明治維新時代には貪欲に欧米の文明を取り込んだ日本であったが、半世紀を経てみると、何事にもダイナミックに取り組んだ明治時代の反動か、現状を維持することに汲々として、アメリカを中心に進んでいた経済的社会的な大変動に完全に遅れをとり、追いかける動きもきわめて緩慢であった。それが軍事面にも反映する日が来ることを思うと、暗澹たる気分にならざるをえなかったに違いない。

海軍大学校教官に就任

大正十年五月五日に帰朝命令を受け、七月十九日に帰国した。帰国後、軽巡「北上《きたかみ》」の副長をつとめ、中国方面で活動したが、半年もたたないうちに海軍大学校教官に転じ

山本英輔

た。海軍大学校では「軍政学」を担当した。アメリカでの見聞を話したくてうずうずしていた山本は、ついつい石油と飛行機の話題を取り上げた。これからの軍備は航空第一たるべし、といって学生を驚かせた逸話がある。山本が海大教官になった一年後、山本英輔《えいすけ》が教頭として赴任した。

海軍航空を展望

山本英輔

海軍航空の生みの親とも目されるのが、初代航空本部長にもなった山本英輔である。上田良武との出会いもそうだが、誰かがそう仕向けたわけではない。偶然が織りなす人間関係によって、飛行機の権威である上田良武や山本英輔に出会い、飛行機に対して漠然とした展望しかなかった山本が、二人から薫陶や啓発を受けて海軍航空に関するビジョンをおぼろげながら描くようになった。これも山本の運ということになろうか。

山本英輔は山本権兵衛の甥に当たる。明治四十二年三月に航空機に関する長文の意見書を提出し、築地《つきじ》の水交社《すいこうしゃ》で斎藤実《まこと》海相に熱っぽく語ったのが縁で、七月に「臨時軍用気球研究会」が発足した。すでに甥から何度も飛行機の話を聞かされた叔父の権兵衛からも、斎藤に働きかけがあったと見られる。四十五年八月、山本英輔は駐独大使館付武官となり、ベルリンを拠点にヨーロッパの航空事情を調査し、集めた資料をせっせと軍令部に送り続けた。山本英輔がベルリンに向けて発つ直前の四十五年六月、「海軍航空術研究委員会」が設置され、欧米に著しく立ち遅れた航空機の研究に本腰を入れることになった。この委員会からアメリカとフランスに若手将校が派遣され、両国の航空実情を視察し、操縦と整備の実習を受けることになった。アメリカに派遣された中には、のちに中島飛行機を創設する中島知久平《ちくへい》もいた。中島はニューヨーク州のカーチス社の工場に日参し、製作、整備に関する研究に没頭している。このとき、操縦のライセンスを取ったのが命令違反になるかならないかで物議をかもした（豊田穣『飛行機王中島知久平』一一〇―一一頁）。

追浜飛行場

一方で委員会は、実習機材としてフランスからファルマン機、アメリカからカーチス機の購入を進めた。購入機のために横須賀の追浜《おっぱま》に基地が設置され、これが追浜飛行場へと発展する。今の日産自動車の追浜工場のある辺りである。海軍航空の揺籃《ようらん》の地は、この追浜とされている。

軍政学

かつて海大教官であった秋山真之《さねゆき》、佐藤鉄太郎らによって、海軍戦略・戦術研究のセンターになった海大では、山本が担当した「軍政学」は重要な科目ではなかった。山本と同期の井上継松《つぐまつ》によれば、「内容が複雑多岐で教授至難であった為めか、先輩の遺稿の如きも殆ど見るべきものもなく、否寧ろ皆無と云うても良い様な有様」（反町前掲書二五三頁）であったという。軍政通は「諸例則《しょれいそく》」通《つう》であると考える傾向がある中で、山本は国家将来の見通しの下に樹立されるべき軍備について取り上げ、純軍事的見地から軍備を考える従来の解釈を暗に否定している。総力戦時代においては、諸分野の能力が戦争遂行に大きく関係するため、軍事分野だけ強化しても戦争遂行能力の向上にはつながらない。諸分野の発展とバランスを取りながら軍備の増強をはからなければならないというのが山本の認識であった。まさに正論である。陸海軍の総力戦理論はかなり独善的で自己中心的性格の強いものであったが、海軍のために諸分野があるという独善論を排除した点ですぐれていた。

欧米視察に随行

大正十二年六月から翌年三月まで山本は、海軍次官を退いたばかりの井出謙治《いでけんじ》中将の欧米視察に副官として随行した。山本の身分は軍令部出仕に変更された。なぜ山本が選ばれたのかその経緯はわからない。悪い話でなかったことは、この間に大佐に進級していることからでもわかる。かつて井出もアメリカに留学したことがあり、当地で秋山真之と親交を持っている。井出が滞在中に潜水艇の発展を知って研究に着手した経緯は、山本が渡米後に飛行機の研究に打ち込んだのと似ている。留学を終え帰国するに際して、井出はホーランド型潜水艇の購入に奔走したが、価格について折り合いがつかず実現しなかった。しかし日露戦争中、艦艇の喪失を補うために同型艦購入の話が持ち上がり、今度は小栗孝三郎《おぐりこうざぶろう》が尽力して五隻の購入をまとめた。井出もその過程で重要な仲介役を果たし、潜水艇発展のために尽くした功績が評価され、小栗とともに潜水艦の二大先覚者と讃えられるに至った。

潜水艇隊の編成

購入が決まった直後に、設計者のJ・P・ホーランドから旧知の井出に、出来合いを買ってばかりいないで、自分たちでつくったらどうかといって設計図を送っていた。川崎造船所がこれを基に建造したのが第六・第七号艇である。日露戦役後、第一〜五号艇をもって第一潜水艇隊が、第六・七号艇をもって第二潜水艇隊が編成され、前者の司令に小栗が、後者の司令に井出が就任した。第六潜水艇は故障がちで潜水航行が制限されていたが、明治四十三年四月、佐久間勉《つとむ》艇長以下全員が殉職する沈没事故を起こした。のちに引き揚げられた同艇から見つかった艇長のメモが、シーマンシップの模範として世界の海軍軍人に大きな感動を与えた。

オレンジ油田

欧米視察の帰国後、井出は大将にのぼるが、名誉職に近い軍事参議官になったのち現役を去っているので、この外遊は重要な交渉を任された派遣でなく、文字通り視察だけを目的とした旅行であった。ヨーロッパ経由でアメリカ入りした一行は、テキサス州オレンジに足を延ばした。この地の油田をオレンジ油田と呼んだが、日本の資本で開発され経営されている珍しい油田で、責任者は山本と同郷の岸吉松《よしまつ》であった。

岸吉松

岸は「バロン・キシ」「ヒューストンの石油王」とも呼ばれた時の人で、山本とは家が近所で遊び仲間でもあった。一橋大学の前身である高等商業学校の出身で、農業を志してヒューストンの東八〇マイルのボーモントに入植した。テキサスには、日本での生活が貧しいゆえの移民は少なく、日本にいればエリートに属するはずの入植者が多かったといわれる。岸の農業が順調に発展していた頃、たまたま所有地を調査したところ石油が噴出し、彼は大農園のオーナーになる一方、油田のオーナーにもなって巨万の富を築いた。「バロン・キシ」「ヒューストンの石油王」は、それぞれのオーナーを指した呼称であったわけである。

その後の岸

井出と山本が訪ねた頃は、彼の絶頂期であった。その後、石油の需要がますます増えると予想して土地を買い増し、石油掘削に多額の資金を投入したがことごとく失敗し、第二次大戦開戦頃には以前のような勢いを失っていた。それでも石油収入があり、そこそこの暮らしをしていたらしい。昭和十六年、日本との戦争がはじまると、彼に残されていた油田は敵性資産と見なされ、没収の憂き目に遭うとともに、終戦まで日本人収容所に収容された。自分の油田を見学に来た山本が真珠湾《しんじゅわん》作戦を計画し、対米戦を指揮しようとは、人生は皮肉なものであり、歴史は罪なことをする。

実業家の鈍感さ

岸の案内で油田を案内してもらい、もっと投資が促進されれば、油井が増え産油量が増えて、高い利益が期待できると繰り返し聞かされた。帰国した山本は、知り合いの実業家に投資を勧めたが、これに応じる者はいなかった。日本では、もっとも敏感でなければならない実業家も、石炭から石油に代わる歴史のうねりの音を聞き取ることはできなかった。同地に近いニューオルレアンの領事をつとめていたのが、三年前に山本と一緒に石油の調査旅行をした賀来美智雄で、二人は久しぶりの再開に大いに盛り上がった。

記録のない艦長就任履歴

帰国したのは大正十三年三月三十一日である。前年の九月一日に関東大震災があったが、さいわい家族には被害がなく、予定通り外遊を続けた。帰国後、まだ軍令部出仕が解かれていなかったため、いったん軍令部に戻るが、とくに仕事はなかった。六月十日に横須賀鎮守府《ちんじゅふ》付となり、反町によれば、特務艦「富士《ふじ》」の艦長を三ヵ月間つとめたことになっている。しかし旧厚生省所蔵「奉職履歴」の原本を基にして海軍歴史保存会が作成した『日本海軍史　第九巻　将官履歴　上』を見ると、横須賀鎮守府付とあるだけで艦長の記録がない。辞令による補職は履歴に残るはずで、辞令なしの艦長はありえない。「富士」は日露戦争で活躍した一等戦艦だが、ワシントン軍縮条約により兵装と装甲がはずされ、練習特務艦となっていた。

離現役の士官のクラブの会報「有終」第三十巻第七号七月号は山本の追悼号だが、これにも「山本元帥の履歴」が紹介されている。大正十三年六月十七日の条に「特務艦『富士』に乗艦、同艦長の命を承け、運用術の研究に従事すべし」とある。艦長から命を受けて、運用術に関する研究を行なう立場にあったとすれば、山本の艦長というのは反町の錯誤のようである。

二　海軍航空への転換

霞ヶ浦航空隊付勤務

大正十三年九月、山本は霞ヶ浦航空隊付になったが、「付《づき》」が取れたのは十二月一日である。帰国後、八ヵ月間、ほとんど「付」勤務をしていたことになる。「付」は、単にそこに籍を置くだけで机も椅子もなく、部下もいないことが多い。つぎの補職につくまでに若干空白が生じることがあり、その間の給与の受け取り、命令・指示の授受等のためにどこかに所属している必要があり、臨時的処置として然るべき機関に所属させるのが「付」である。山本の場合、帰国後、なかなかつぎのポストが決まらず、やむなく「付」が長くなった。山本の忍耐力には脱帽させられるが、将来の補職に何らかの見通しがなければ、これほどまでに辛抱できるものではあるまい。

山本の後見人

山本の航空畑への転換、それに伴う異常に長い「付」は、誰かの強い庇護なしではありえない。誰が山本の後見人であったかといえば、海軍航空に対して絶大な発言力を有し、これほど遠大な人事ができるのは山本英輔をおいてほかにいない。山本英輔にしてみれば、将来の海軍航空を託すことができるのは五十六のほかに見当たらなかった。他方、山本にすれば、海大時代に知遇を得たにすぎないが、八ヵ月間もの「付」生活に不安を抱かずに過ごせたのは、山本英輔の影響力を信じ切っていたからに違いない。

航空へ転科

補職が決まらなかった直接の理由は、山本に海軍省副官あるいは元帥副官の話があったにもかかわらず、本人が航空隊への転属を強く希望したことにあった。つまり砲術科の山本が、航空への転科をはかったために生じた人事上の混乱が要因であったのである。

山本が霞ヶ浦航空隊付に赴任したのは、設立からまだ一年半後の頃である。飛行機に事故は付き物で、揺籃期の飛行機であるとはいえ頻繁に故障を起こし、その都度、関係者の寿命を縮めていた時期である。

人生最大の勝負

横須賀軍港の巨大な施設に見慣れ、戦艦や巡洋艦の偉容に見慣れた山本が、小さな飛行機が離発着する飛行場もどきの平地と、大きくもない建物が数棟しかなかったみすぼらしい任地を見て、将来への展望を持てたであろうか。その上、予算が補助艦建造費に回され、航空隊はその煽りをもろに受けていた頃である。砲術を続けていれば、艦隊勤務を経て将官になり、いずれ海軍省か軍令部、あるいは艦隊の重要ポストにつくことも、彼のキャリアからすれば夢ではなかった。航空に変われば今までのキャリアはふっ飛び、昇進が大幅に遅れるかもしれなかった。彼の勝負事好きは有名だが、彼の人生最大の勝負は航空への転身であったといっても過言ではないだろう。

揺籃期の航空隊

当時の航空隊は、横須賀海軍航空隊（大正五年四月一日開隊）、佐世保海軍航空隊（同九年十二月一日開隊）、霞ヶ浦海軍航空隊（同十一年十一月一日開隊）、大村海軍航空隊（同十一年十二月一日開隊）の四つしかなく、大佐になった山本の階級にふさわしいポストが航空隊の中に一つか、二つしかなかった。大正十三年夏の時点で、最も歴史が長く組織も大きい横須

山本のポスト

賀航空隊の司令が大佐、佐世保・大村が中佐、霞ヶ浦が少将であった。したがって山本が入るとすれば横須賀航空隊の司令だが、航空分野では未経験の素人にいきなり司令を任せるわけにはいかなかった。横須賀航空隊では、まだ中佐ながら航空畑一徹で、飛行機に関する見識については右に出る者はいないといわれる市川大治郎を次期司令に決めていた。市川は山本より兵学校の一期後輩で、横須賀航空隊司令を二度もつとめ、横須賀工廠航空機実験部員・同部長、航空廠飛行機実験部長・同飛行機部長を経歴した海軍航空の権威であった。諸条件を考慮すると、中佐職の霞ヶ浦航空隊副長兼教頭が、山本でもつとまりそうなポストであった。

霞ヶ浦航空隊副長兼教頭

しかし、当時の副長兼教頭は山本より兵学校二期後輩の和田秀穂《ひでほ》中佐で、まだ赴任したばかりで動かすわけにはいかなかった。和田も佐世保航空隊司令、横須賀航空隊司令をつとめた経歴があり、のちには世界初の空母「鳳翔《ほうしょう》」の艦長、空母「赤城《あかぎ》」の艦長、航空廠飛行機部長、霞ヶ浦航空隊司令、第一航空戦隊司令官など航空畑一筋に歩き、海軍航空には不可欠の人材であった。結局十二月に和田を再び佐世保航空隊司令に返すことで、大佐の山本を和田にあとに据えたのである。

人事の混乱

こうして見ると、山本が飛行機の将来性を教えられ、砲術畑から航空畑に飛び込もうとした頃には、すでに多くの後輩たちが新しくできた部隊のポストについて、航空隊の発展のために活躍していたことがわかる。山本は彼らの後塵を拝する位置にあり、彼らにすれば、何で今になって選択肢の少なくなった年配者が航空畑に入り込んでくるのか、といった受け止め方をしていたに相違ない。山本が航空隊の中にポストを得ようとするのは、よそ者が無理矢理に航空隊の中にねじ込んでくる様に似ていた。山本の航空畑への闖入によって、少ないポストをめぐる人事上の混乱を巻き起こし、山本のためにポストを追われる和田のような例も出てきた。もっとも山本自身も、八ヵ月間にも及ぶ「付」生活、そのうち三ヵ月間は霞ヶ浦での「付」扱いに耐えなければならなかった。それでもあきらめなかったのは、山本の海軍航空に対する強い信念が支えたからであろう。またそれほどまでして、海軍航空の中に山本の居場所をつくってあげようとする後見人がいたことも忘れてはなるまい。

山本が海軍航空に執着したのは、飛行機の将来性に対する確信に満ちた見通しに基づいている。それでは、山本が見込んだ頃の飛行機、もしくは航空隊の実情はどのようなものであったのであろうか。日本の航空機技術は欧米からの輸入と模倣で、出発点から欧米に大きく立ち遅れていた。第一次世界大戦が勃発すると、欧米の航空機は急激な発展を遂げ、ますます日本の立ち遅れが著しくなった。はじめは偵察等限られた目的に使われていた飛行機は、やがて敵地上部隊に対する攻撃、爆撃ができるまでになった。一方で来攻する敵機を迎撃するために飛び立った味方機との間で激しい空中戦が演じられた。

航空機の性能

極東の日本は日英同盟を口実に参戦し、大正三年八月、ドイツ軍が根拠地を置く中国山東《さんとう》半島の青島《チンタオ》に対する攻略戦を行なった。このとき、海軍は飛行機母艦「若宮」を派遣し、フランス製モーリス・ファルマン機の発展型を持ち込んで偵察と爆撃、砲撃の観測を行なった。「若宮」に乗り込んだ航空隊員に和田秀穂の名が見えている。偵察や観測では成果を上げたが、爆撃の方はさっぱりであった。だが航空機の有効性を周知させるには十分な活躍であり、海軍だけでなく陸軍軍人にも飛行機の価値を認識させた点で歴史的意義を有している。

航空隊創設

海軍省も航空機の能力をようやく認めるに至り、大正五年に航空隊の創設に踏み切った。先の航空術研究委員会が発展解消して横須賀海軍航空隊となり、初代司令に山内四郎中佐、初代飛行隊長に金子養三《ようぞう》大尉が任じられた。山内は兵学校二十一期だから山本より十一期も先輩である。「若宮」艦長もつとめ、飛行機とのかかわりは山本よりずっと早い。前述のように九年に佐世保海軍航空隊が設置され、霞ヶ浦、大村のほかに館山、呉にも航空隊の設置が決まった。これと平行して航空機の国産化も進み、横須賀と佐世保の海軍工廠造兵部においてエンジンの製造修理、機体の製造が行なわれた。

飛行機開発の挿話

なお大正三年十二月に海軍大学校甲種学生になった山本が、飛行機が偵察用兵器だけでなく攻撃兵器としても役立つと主張し、一四インチ魚雷搭載の「横廠式ホ号甲型水上機」の開発に携わったとする記述がある（史料調査会『海軍』第十三巻三一頁）。しかし技術者でもない山本が飛行機の開発に携わること自体不自然であり、飛行機の運用に関する研究ならばともかく、製造に寄与したというのは納得できない。授業の一環として横須賀海軍工廠を見学した折、たまたま「横廠式ホ号甲型水上機」の製作現場、あるいは地上試験を見る機会があり、山本は非常な熱心さで見ていた話に尾ひれがつき、飛行機開発に従事した話に生まれ変わったのではないかと想像される。早くから飛行機に関心を持っていたことを印象づけるため、持ち出された挿話ではないか。

フランス教官団を招聘

第一次世界大戦で飛躍的に進歩した英仏の航空運用術を学ぶため、陸軍はフランスからフォール大佐を団長とする教官団を招聘し、岐阜県各務原《かがみはら》で講習を行なった。航空の分野ではまだ陸海軍部隊の縄張り根性が弱かったのか、海軍からも多数の講習員が派遣されている。海軍もこれに倣《なら》い、大正八年にイギリスからセンピル教官団を迎え、霞ヶ浦飛行場で講習を開催したが、これに陸軍から受講生を派遣したという記録は見当たらない。センピルは大戦で数々の殊勲を立て、若干二十五歳で大佐にまでなったが、まだ中世以来の伝統が色濃く残っていたイギリスで、ときどき行なわれる超飛び級人事の一例である。センピル教育団は、イギリスから持ち込んだ「スパローホーク・パナルパンサー」陸上機、および「スーパーマリン・ビッカース」社製の水上機を使って空中戦技、爆撃照準、急降下攻撃などの航空運用術を徹底的に教える一方、厳正な軍紀の徹底、見敵必戦、飛行機の愛護などの精神面も厳しく鍛え、わずか一年あまりの教育期間であったが、海軍航空が面目を一新したといわれるほど多大な影響を与えた（史料調査会前掲書四一頁）。

冬の時代へ

しかし大正十一年のワシントン軍縮は、海軍航空に冬の時代をもたらした。前述のように条約外の補助艦建造に力を入れるあまり、航空隊がそのしわ寄せをまともに受けたのである。大正九年の六個航空隊整備計画の完了が昭和六年までずれ込み、そのため前引のごとく霞ヶ浦と大村の航空隊開設が大正十一年末になり、館山《たてやま》航空隊と呉航空隊の開隊は昭和五年六月、六年六月とそれぞれ大幅に遅れた。

霞ヶ浦の整備

霞ヶ浦航空隊は、海軍が航空母艦の建造に着手したのに合わせ、艦上機搭乗員の養成用飛行場が必要であるという要求に応えて企画されたものである。ところが「八八艦隊」建設に予算の多くが流れ、飛行場建設の予算が大幅にカットされた。しかし欧米の艦上機が日を追って進歩を早める情勢の中で、いつまでも放置できなくなり、霞ヶ浦に接する茨城県阿見原《あみはら》を買収して、水上機と陸上機の飛行場を建設することになった。大正十一年十一月一日に阿見原に霞ヶ浦海軍航空隊が、霞ヶ浦湖畔には霞ヶ浦海軍航空隊水上班が開設された。それまで横須賀航空隊で行なわれてきた操縦・技術の教育訓練が霞ヶ浦に移管され、搭乗員を目指す者は必ず霞ヶ浦で初歩の操縦訓練を受ける制度になった。霞ヶ浦の代名詞のようになった予科練（正しくは海軍飛行予科練習生）は昭和五年の開設で、山本が赴任した頃にはまだなかった。この年、海軍には飛行分隊が一四個隊半あったが、その内の半分の七隊が霞ヶ浦に配備され、霞ヶ浦は海軍航空の「江田島」と呼ぶにふさわしい地位を占めた。

副長兼教頭に就任

山本が「付」から副長兼教頭になったのは、大正十三年十二月一日である。前任者を追い出してポストを得たようなものであった。当時の航空隊司令官は航空機に素人で、間もなく退役する小松直幹《なおもと》で、そのため副長兼教頭が多くの問題を処理しなければならなかった。それまで副長兼教頭であった和田秀穂は、指揮官としての能力だけでなく、実技面の能力も第一級であった。航空隊は職人あるいは専門集団的性格が濃く、上に立つ者にも部下を納得させるだけの高い技能が要求された。ところが山本はとなると、飛行機の操縦経験は皆無、航空隊の勤務経歴も皆無、飛行機の整備経験もなし、この点で司令官の小松と同じであった。

山本の役割

山本が関心を持っていたのは、もっと大きな枠組みの問題で、航空隊を海軍の中にどう位置付け、海戦あるいは戦闘全般において航空隊が担当する役割を構築することであった。海軍航空の要求をまとめ、予算を獲得し、飛行機の開発・飛行場等施設・教育訓練に関する制度の整備等を推進することは、いわば海軍航空の牽引者、指導者の責任である。大佐にまで昇った山本にできるのは、こうした主に体制固めの役割を担うことであり、いわば海軍航空の指導者の道を引き受けることであった。当時の航空隊は、飛行機を無事に飛ばし、一つでも多くの戦技を身に付けることに精一杯で、山本が担うことになるかもしれない海軍航空の進路を明らかにすることや、将来の海軍航空の在り方を描くのは不得意で余裕もなかった。

松永寿雄

副長兼教頭に就任したとはいえ、操縦の実習、操縦の際の教官の配置等については、経験豊かな者に任せるほかなかった。当時、戦術科長兼内務主任が松永寿雄《としお》少佐で、彼の位置を考えると、山本の仕事を代わってできるのは、松永以外にはいなかった。のちに山本は空母「赤城」の艦長になるが、そのとき副長をつとめたのも松永で、このときも山本を大いに助けている。

隊の精鋭化を模索

だが航空隊における山本の立場は微妙であった。飛行機の操縦、整備等に口を出せば、皆から一斉に反発を招くことは目に見えている。かといって小松司令官のように、すべてを部下に任せるというのも山本の性格が許さない。そんな山本が最先に霞ヶ浦で見出した役割は、航空隊といえども海軍の一部であるがゆえに、海軍の伝統、慣習、文化を引き継ぎ、海軍の部隊らしい秩序を確立し、統制がとれた精鋭にすることであった。周囲から門外漢と見られている山本がいち早く自身の役割を見つけたのは、彼らしい天性の感覚の賜物であったといえよう。それから山本は、次第に専門集団にはできにくい海軍と航空隊、艦隊と航空隊の橋渡し役を演じ、航空隊の新しい役割を模索した。

教官センピルの指導

前引のセンピルは若い士官に似ず、技術面ばかりでなく精神面についてもうるさかった。航空隊が海軍の一部である以上、軍紀は厳正であること、敵に対して果敢に行動すること、飛行機は常に整備し、整備道具はよく手入れして定められた場所にしまい、きちんと管理することなどを、繰り返し注意した。山本が航空隊を海軍らしい部隊にしようと考えたことは、山本の目にも、センピルの教えがすでに守られていないと映った証であろう。個人の職人技が幅を利かす飛行機だけに、どうしても団体行動がなおざりになりやすかったのである。

副官三和義男

副長兼教頭になれば副官がつく。あてがいぶちが普通だが、自分で選ぶ場合もある。三ヵ月間も「付」でいたから、副官の候補を選んであってもおかしくない。山本の希望と隊側の推薦とが合致して選ばれたのが三和義勇《みわよしたけ》中尉である。三和に対して山本は、「当隊の現状を見るに軍紀風紀に遺憾の点が尠《すくな》くない。先づこれから刷新して行かぬと軍隊として立ち行かぬ事になる」と前置きした上で、「毎日の様に絶えない遅刻者、脱営者を皆無にする。……自分がやるから君も補佐する様に」と言いつけた（反町『人間山本五十六〈上〉』一二六六頁）。

集団戦の訓練

飛行機はすぐれた兵器であり、今後の技術的発展によってますます高い能力を持つだけでなく、軍艦に取って代わる可能性さえ秘めていた。しかし、飛行機は軍艦に比してあまりに小さく、いくらすぐれているといっても、一機や二機による攻撃では大きな打撃を相手に与えることはできない。数十機、数百機で集団行動したとき、無限の威力を発揮する兵器である。航空作戦に限らず、近現代戦は常時連絡を取りながら行なう集団戦に特徴があり、それゆえ、操縦士を含むすべての将兵に対して、集団行動に欠かせないマナーや規律をしっかり叩き込んでおく必要があった。山本は飛行機操縦に個人技が重要なのは当然としても、それ以上に航空戦は集団技が重要であることを徹底させようとつとめた。

エリート集団への変質を企図

また山本は、航空隊の職人気質を近現代軍の性格に変える必要を感じた。山本は、操縦士を目指す学生にも、彼らを指導する分隊長にも勉学を勧めた。技倆を身につければそれでよしとする風潮を戒め、さらに進歩するためにはしっかり勉学することが大切だと諭した。飛行機が近代科学技術の結晶であり、これが有する能力を引き出すためには、メカニズムに対する高度な理解力、気象・海洋・地形に対する高い判断力、航法に関する高い計算力等が求められる。さらに海軍軍人として部下を統《す》べ、困難な任務を完遂するには、人格の陶冶《とうや》、知的能力の発展が欠かせない。こうした理由で山本は、操縦士を技能及び知能にすぐれた人材へと育て、航空隊を海軍のエリート集団へと変質させようとも考えた。

空母「鳳翔」

航空畑に入り込んだ山本が目指した航空隊がいかなるものか、よく表しているのが空母「鳳翔《ほうしょう》」への着艦問題である。「臨時潜水艦航空機調査会」の研究に基づき「鳳翔」

の建造が決まり、大正八年に横須賀海軍工廠で建造が開始され、十一年末に竣工した。世界ではじめて最初から航空母艦を目指して建造されたもので、各国海軍の関心を呼んだ。基準排水量九五〇〇㌧の船体、確保された飛行甲板の長さ一六五㍍、幅二二・七㍍であった。搭載機がこの飛行甲板に着艦する場合、論ずるまでもなく、これより短い距離で着艦しなければならない。

未熟な着艦技術

大正十二年一月五日、就役後の「鳳翔」に対する着艦テストを横須賀沖合で行なうことになり、三菱発動機のテストパイロットであったイギリス人ジョルダンが試みることになった。着艦機は、着艦すると同時に機体後部から下に突き出したフックを甲板上に張られたワイヤーに引っかけることによってブレーキをかけ、短い甲板に着陸する。彼は九回も着艦して見本を示すとともに、空母の艤装《ぎそう》についてあれこれ勧告を行なった。この日はジョルダンの着艦だけで、日本人操縦士による着艦はなかった。

ジョルダンの勧告にしたがって何点かの改修を行なったのち、三月五日、再び横須賀の沖合で着艦テストを実施し、今度は吉良俊一《きらしゅんいち》大尉が着艦を試みた。東郷元帥らが見守る中、一回目の着艦を行なったが、失敗して海中に落ちた。だが無事に引き揚げられた吉良はすぐに二回目に挑戦し、ようやく成功した（奥宮正武『海軍航空隊全史（上）』五四頁）。

続いて亀井凱夫《よしお》及び馬越《うまごえ》喜七両中尉も着艦を試み、成功を収めた。

着艦装置の改良

二度にわたるテストで得られたデータから、飛行甲板に着艦用ワイヤーの展張を大幅に増やし、着艦機フックがワイヤーを掴みやすく改良された。また海上に浮かぶ空母はどうしても波やうねりの力を受けて動揺するが、これを少しでも減らして着艦しやすくするため、艦底にスタピライザー（転輪式安定機）を着けることにした。さらに甲板片側に立つ艦橋が邪魔だとして、これを甲板より低い位置に移設する大工事を実施し、「鳳翔」が任務についたのは大正十四年であった（奥宮正武前掲書五四頁）。

着艦の猛訓練を指示

こうして航空母艦は実用の域に入ってきたといわれるが、それでも未だ着艦はきわめてむずかしく、「非常に優秀な、いはゞ天才的技倆を有する搭乗員でなければ不可能」（渡辺幾治郎『侍史　山本元帥』一五二頁）といわれた。換言すれば、人間国宝なみの職人でなければ着艦できないというわけである。これに対して山本が批判した。

百人の搭乗員中幾人あるか知れぬやうな天才的な人間でなければ著艦出来ないやうな航空母艦は帝国海軍に必要がない。搭乗員の大多数が著艦出来るものでなければならぬ。素質もさることながら、要は訓練方式の改善と訓練努力の如何にあると信ずる。天才よりも努力に依つて鍛錬した入神の技術の方が遙かに勝つている、試みに次回の母艦搭乗員には技倆中級のものを充てて見よ。

（渡辺前掲書二五三頁）

技倆中級へのこだわり

兵器の一つにすぎない空母が、搭乗員を選んではならない。空母に着艦できる搭乗員が増えれば、それだけ海軍としての戦力が強まるわけで、めったにいない天才しか利用できないようでは戦力にはなりえない。山本が「技倆中級」にこだわったのは、「技倆中級」の意味は「標準」もしくは「平均的」であり、標準的搭乗員が戦力になれないようでは、航空母艦の将来性には期待が持てないことになるからであった。もし航空隊においても訓練方法を改善し、訓練の強化と充実をはかっても、「技倆中級」が空母に着艦できないようでは、空母などいらんというのが山本の考えであった。飛行機の持つ能力を発揮するには機数の多いことが不可欠であり、それには搭乗員も多く養成できなければならない。そのためにも才能と「カン」に恵まれたものだけが搭乗員になれるのではなく、合理的訓練と当事者の心構えとによって、空母着艦能力を有する搭乗員が大量に育成できなければならないと考えたのである。

猛訓練の意図

この山本の主張に基づき、訓練方法の見直しと訓練の強化が行なわれた。従来になく訓練が激しさを増し、当然事故も多くなり死者も出た。犠牲者が増えるにつれ、本省から少し緩めるように注意されたが、少しも方針を変えなかった。渡辺幾治郎はこのときの山本の心境を、後日、本人から聞いた話として記録にとどめている。

我が海軍航空隊に恃むところは精神と技術の外にない、飛行機の製作に於ては彼に一日の長がある、我々も負けないやうにやらねばならぬが、我々はたゞ、死を賭《かけ》ること帰するがごとしといふ大和魂を以て平素猛訓練を試むる外はない。人は能く日本人は器用で、操縦が巧妙だから発達が早いといふが、そんなことは当てにならぬ。米国人は冒険好きで随分突飛のことをやる、我々はたゞ猛訓練によって、真の技術を身につけるより外はない。

（渡辺前掲書二五三―四頁）

アメリカを意識

日本がアメリカを「仮想敵」として意識しはじめたのは大正時代からだが、その対抗策が猛訓練だというのである。「大和魂」も、対抗関係にあるアメリカを意識した過程で使われ出した言葉であろう。猛訓練により、技術力の向上をはかったというのは、霞ヶ浦航空隊にいたときの心境を正直に吐露していると考えられる。猛訓練という表現はいかにも日本的だが、実際は基本動作を何度となく繰り返すことである。神業を要求される着艦も、着艦に必要な基本動作を繰り返すことによって、「技倆中級」の搭乗者でも可能となる。空母を離発着できる搭乗員が増えることによって空母の戦力化が進捗《しんちょく》し、必然的に海軍の戦闘能力が向上するというわけである。

質の高い操縦士の育成

　山本が教頭兼副長として霞ヶ浦航空隊にいたのはちょうど一年間、その前の「付」の時期を入れても、わずかに一年三ヵ月間にすぎない。軍人には後先を考えず目前の任務に全力で当たる傾向があるが、短期間で転属を繰り返す制度が一因になっていると考えられる。山本の場合も、はじめからそう長いとは思っていなかったであろう。文字通り全力で仕事に打ち込んだ。その結果が、厳しい訓練に比例して増えた事故犠牲者であった。それにもめげず訓練を続行したことが美談になるのが当時の空気だが、ある水準以上の操縦士を多数確保する必要から激しい訓練をやめるわけにいかなかった。できる限り多くの操縦士を確保したいのは当然だが、職務の性質上、少しでも質の高い操縦士でなければならなかった。そのためには少々の犠牲はやむをえないというのは、早く成果を求めたい航空隊の本心に由来するものであろう。

慰霊のための神社建立

　山本の航空隊における最後の仕事が、訓練中に亡くなった部下たちの霊を祀る神社の建立であった。犠牲者を祀る場合、慰霊塔が一般的だが、神社建立とは思い切ったことをしたものである。なぜなら神社にすると、犠牲となった部下たちが上司よりも高い祭神になるからである。転属する二ヵ月前に自らしたためた趣意書が出来上がったが、地鎮祭は山本が霞ヶ浦を去った二ヵ月後である。あとを誰かに託したはずだが、すべて山本がやったことになっている。浄財集め、施行、落成式、神官依頼等は後継者が行なったはずだが、その苦心談は一切見えない。

駐米大使館付武官を拝命

山本は大正十四年十二月一日付で駐米大使館付武官になった。あくまで紙の上の発令日で、実際に日本を発ったのは翌十五年一月二十一日である。山本の乗った「天洋丸」が横浜港を出港すると、かつての部下たちが大編隊を組んで東京湾に飛来し、爆撃演習の成果を披露して、壮途を祝した。次々と船上を飛び去る飛行機に手を振る山本の心は満足感で一杯であった。航空畑を歩む将兵たちが、山本を航空畑の人間として受け入れてくれた何よりの証と思えたからである。

三　海軍航空本部

幸運な駐米生活

山本の駐在武官は幸運であった。まだ日米関係が険悪化する前であったばかりか、世界恐慌の前でもあったからだ。恐慌の前は好景気のはずだから、山本がアメリカにいた頃は底抜けに明るい時期であった。その時期だけをワシントンで過ごすことができたのは、まるですれすれのところで賭けに勝ったようなものであった。

松平恒雄

大使は松平恒雄で、のちに駐英大使になり、前述のようにロンドン軍縮会議で全権の一人をつとめることになる。松平は長岡と縁の深い会津の旧藩主松平容保《かたもり》の五男であった。朝敵のレッテルを貼られ、苦難の道を歩んできた両藩出身者は強い絆で結ばれ、松平と山本の間にも、言葉には出さなくとも歴史を共有する精神的一体感があったにちがいない。昭和三年一月、松平の長女節子《せつこ》（納采《のうさい》の儀ののち勢津子）が秩父宮雍仁《ちちぶのみややすひと》親王妃に決まったとき、旧会津藩の人々はこれで朝敵の汚名がすすがれたといって泣いて喜んだと伝えられる（江間守一『秩父宮妃勢津子』一一三―八頁）。同じ大使館内で執務を共にする山本もわがことのように喜んだ。

日中関係の悪化

この年の四月、陸軍は中国北伐軍の北上に備えて山東《さんとう》方面に兵力を派遣していたが、五月三日に日中両軍が衝突した。これを境に日中関係は日増しに悪化していく。日中関係及び日米関係が悪化するのは、中国問題に対する日本のかかわり方に原因があった。それを引き出したのは、すべて中国内の民族意識の高まりであった。大正十三年一月、国民党と共産党による第一次国共合作が成立し、昭和元年七月、蔣介石《しょうかいせき》を指揮官とする北伐が開始された。北伐軍の北上を受けて、中国東北部（満州）の軍閥である張作霖《ちょうさくりん》が北京《ペキン》を追われ満州に逃げ帰ることになったが、北伐軍の北上と彼の帰国によって、新たな軋轢《あつれき》が生じることを陸軍及び出先の支那派遣軍、関東軍は恐れた。この懸念から二つの事件が生じ、一つが山東半島で発生した済南《せいなん》事件と、二つ目が六月の張作霖爆殺事件であった。

中国の民族主義

軍閥政権打倒を目指す北伐運動は中国人の民族意識の強烈な表われであったが、北京の政権をめぐる軍閥抗争に深く関係していた陸軍は、北伐軍を軍閥抗争に加わる新たな一勢力ぐらいにしか思わなかった。このような中国の民族主義に対する無理解が、やがて日中戦争を引き起こし、対米英関係を悪化させ、何を置いても回避しなければならない国際的孤立化へと日本を追い込んでいった。

駐在武官の仕事

駐在武官の仕事の一つは、かつて留学に来た山本が上田良武から指導されたように、アメリカに来た海軍軍人の研究活動をチェックするため、研究課題や方法について指導、助言を与え、それぞれの成果を定期的に聞くことである。反町栄一によれば、山本の駐在中に報告を受けた中に伊藤整一《せいいち》、小林謙吾、中野実らがいたという。伊藤は山本が連合艦隊司令長官であった一時期に参謀長、小林は山本の連合艦隊兼第一艦隊司令長官の兼務が解かれ連合艦隊司令長官だけになった昭和十六年八月に第一艦隊参謀長になり、山本とは浅からぬ関係を持つようになる。山本は、この二人について出来上がった人間だから今さら何かをいう必要もないとして、とくに指導しなかった。伊藤整一は、コネチカット州ニューヘブンのエール大学を本拠に、山本と同様に見聞を広げるために各地を旅行しているが、この間に太平洋戦争における海戦で連合艦隊をことごとく破るスプルアンスと親しくなっている。

中野実

兵学校五十期の中野実は三人の中で最も若く、それだけ山本に指導される機会が多かった。「中野君はボストンの学校で電気工学を勉強する様に命ぜられ」（反町前掲書二九〇頁）ており、山本の紹介でマサチューセッツ工科大学で電気工学を専攻した。帰国後、航空技術廠、航空本部、第一技術廠等を経歴し、電気工学の権威として活躍した。駐在武官が当該国の武官と親交し、軍事事情を調査し、自国の意図を説明する重要な任務を負っているのはいうまでもないが、本国から来る艦隊があれば世話をし、派遣されてくる武官を指導する責任も小さくなかった。中野もこの留学から経歴が変わり、技術畑を歩むことになった。駐在武官が外交官の一人であることは論を待たないが、教育者という側面もあることはほとんど注目されない。

造船造兵監督官との連携

なお海軍は、艦船の建造や修理にかかわる造船所がある地に造船造兵監督官を置いていたが、関係が深かったイギリスとアメリカにも配置されていた。監督官が複数の場合には監督長が置かれ、監督長には機関科出身者が当てられることが多かった。造船造兵監督官との連絡調整も駐在武官の役目であった。アメリカではニューヨークに造船造兵監督官が置かれ、山本が駐在武官の頃は城戸《きど》忠彦《ただひこ》機関大佐が造船造兵監督長であった。

山本の補佐官

駐在武官である山本には補佐官が付いていた。前半は山本親雄《ちかお》、後半が三和義勇《よしたけ》である。山本親雄も航空畑で、彼には戦後まとめた『大本営海軍部』の作品があるが、山本五十六の死以外に触れるところがない。これに対して前出の三和には、山本の戦死後に編集された『水交社記事』の「故山本元帥追悼号」に「山本元帥の思い出」がある。三和は山本が霞ヶ浦航空隊にあったとき学生であり、航空隊付でもあり、山本に対しては人一倍思い入れが強かった。山本の伝記を手がけるときには、反町の著作とともに三和の作品も必ず利用しなければならない不可欠な貴重な資料になっている。

リンドバーグの大西洋横断

昭和二年、チャールズ・リンドバーグが大西洋横断飛行に成功した。このニュースを聞いた山本も三和も目の付け所が違った。汽車は線路、自動車は道路に沿って進めばいいし、艦船は天測をして位置を確かめ、最後は港までの水路図を頼りにすればいい。しかし大空を高速で飛ぶ飛行機は何を頼りにしたらいいのか、リンドバーグの長距離飛行はこの難問を解決したことを意味した。操縦士の三和がこの問題に着目したのは理解できるが、操縦経験のない山本が注目したことは驚きである。三和は、すぐれた計器の開発と機上天測によって解決できることをまとめ、山本の加筆で手直しされた報告書を東京に送った。太平洋戦争中、海軍の飛行機は目標のない洋上を何百キロも飛行し、作戦後に移動中の空母にも帰還できるし、無論、地上基地にも帰ることができた。これに対して陸軍機が、洋上を飛行できなかったのは笑い話にさえなっている。陸軍機が大陸を戦場にしたから洋上飛行ができなかったというのが通説だが、山本や三和のような人物がいなかったのが原因であるという見方も否定できない。

　リンドバーグは飛行先のフランスから帰国後、ワシントンで各国外交官を招いて宴を催した。このとき秩父宮妃になる勢津子が、リンドバーグに是非その飛行機に乗せてほしいと言い張って、父親の松平恒雄を困らせたエピソードが残っている（江間前掲書一〇八頁）。山本のような駐在武官には招待の声がかからず、残念ながら専門的質問をする機会がなかった。

帰国

　昭和三年二月、ほぼ三年間の駐米大使館付武官勤務を終え、山本は帰国することになった。帰路は大陸横断鉄道で東海岸から西海岸にわたり、ロスアンゼルスに立ち寄って、長岡出身の知人や長岡中学の後輩と再会を祝した。帰国したのは三年三月三日である。

鎌倉の新居

今まで山本は転勤の多い軍人の常として、官舎住まい、借家住まいばかりであったが、アメリカ赴任中にしっかり者の礼子夫人が、資金も土地も一人で算段して自宅を完成させていた。鎌倉の中心である段葛《だんかずら》を海に向かって歩くと、一の鳥居の近くの左側にある高等女学院（現鎌倉女学院）の校舎が見える。山一つ越えた逗子にある逗子開成とは創設者が同じ兄妹校で、海軍とは少なからぬ関係があった。山本の新築の家は女学院の裏に当たり、前を滑川《なめりがわ》が流れている。河口までは二〇〇メートルほどであろうか。海に向かって河口のすぐ左側には、日本とアメリカをつなぐ海底電線の基地局があり、十六年十二月八日、山本が最後までこだわった真珠湾攻撃の直前に米政府に手交する手はずであった宣戦布告文が、この基地局を経由してアメリカに送られた。

艦長勤務

新築の自宅で過ごしたのは数ヵ月もなかった。昭和三年八月二十日付で軽巡洋艦「五十鈴《いすず》」艦長を命じられ、ついで十二月十日には空母「赤城」の艦長に補せられた。海軍で将官に昇るには一定期間の艦長職の経歴が必要であり、そのための配置でもあった。実際、翌四年十一月に少将に昇進している。はじめての艦長をつとめる「五十鈴」

空母「赤城」

三層構造の空母「赤城」

は、大正十二年に竣工した新鋭艦で、排水量五五〇〇余トン、三六ノットものスピードを出した。加速すると、体が後ろに下がるといわれるほどのスピード感溢れる艦であったが、それを楽しむ間もなく、横浜沖の観艦式に参加したのを想い出に、わずか三ヵ月で「赤城」艦長に異動した。

「赤城」は、ワシントン条約により巡洋戦艦から航空母艦に改造した艦で、三層構造の甲板を有する特異な形状をしている。排水量が三万四〇〇〇トンを超え、飛行甲板も二〇〇メートル以上あった。昭和十三年に大改装が行なわれてもっと大きくなるが、改装前でも堂々たる巨艦であった。三年四月、「鳳翔」と「赤城」に、二または四隻の駆逐艦からなる駆逐隊を付属させて第一航空戦隊（一航戦）が編成された。初代司令官は高橋三吉少将であった。編成されたばかりの一航戦がまだ重んじられていなかったことは、付随の駆逐隊が旧式駆逐艦ばかりであったことからもうかがわれる。

美保関沖の衝突事故

大正十五年十二月に、ワシントン軍縮に反対した加藤寛治が連合艦隊司令長官になると、五・五・三の比率を強制された日本海軍の不利を補うには訓練を強化する以外にないとして、とくに戦技演習は猛烈なものになった。昭和二年八月末、島根県美保関《みほのせき》沖で夜間水雷戦の演習が行なわれた。その最中、駆逐艦「蕨《わらび》」と巡洋艦「神通《じんつう》」、駆逐艦「葦《あし》」と巡洋艦「那珂《なか》」が二重衝突を起こし、「蕨」は艦体を分断されて沈没、艦長五十嵐恵中佐以下一一九名が死亡した。連日連夜の激しい訓練のために、将兵は極度の疲労に達しており、こうした状況下での演習が事件につながった。

艦長の引責自決

「神通」艦長の水城圭次《みずしろけいじ》大佐は、艦長を降ろされて横須賀鎮守府《ちんじゅふ》付になったが、十二月二十六日、自ら責任を取るために自決した。水城は山本と兵学校同期で成績もよく、ときどき会話した仲であった。山本はこの事件と水城自決のニュースをアメリカで聞いたが、補佐官の三和に「そう云う人が艦長に居ればこそ、日本海軍は大盤石なのだ。水城大佐の自決は立派と言えるし、自分としては当然の事をやったとも考えて居る」（反町前掲書三〇二頁）と、説教調に所感を述べている。

「赤城」搭乗機の遭難

今度は山本が「赤城」を指揮して激しい演習に参加する番になった。昭和四年四月中旬、上海《シャンハイ》航路が通る東シナ海の中央で演習が行なわれた。連合艦隊を二手に分け、「赤城」は一方の仮想敵に対して攻撃隊を発進させることになった。曇天で弱い風があり、ときどき雨が降るという天候であったが、何よりも視界があまり利かないというのが飛行機にとって不安材料であった。連合艦隊司令長官は穏健な谷口尚真《なおみ》に代わっていたが、猛演習の気風は変わることなく続いており、この程度の天候では攻撃中止にはならなかった。やがて発進した飛行機から敵艦隊に成功した旨の電信が入った。攻撃終了とともに直ちに母艦目指して帰路に着いたが、視界不良のために飛行機から艦が見えないと連絡があり、やがて燃料が切れたとの電信を最後に全機との連絡が途絶した。

艦長山本の苦衷

山本が第二の水城になりかねない重大な事態になった。演習は直ちに中止になり、総ての艦艇が遭難機の捜索に当たった。しかし丸一日たっても、飛行機の破片を見つけたのみで一人も救助できなかった。やむなく艦隊は佐世保に引き揚げることになった。山本の悲壮な心境は想像するに余りある。そのうちに漁船や貨物船に助けられた搭乗員が一人、二人と帰ってきた。行方不明のまま死亡認定されたのは二人にとどまった。山本は、原因を司令官の意図通りに部下を練成しえなかった艦長の責任としているが、天候の判断は練成の問題ではない。艦船は燃料が切れれば漂流するだけだが、飛行機は燃料が切れると、地面か海面に向かって墜ちるほかない。猛演習が常態化した中で天候を理由に出撃中止を言い出しにくい雰囲気はあったろうが、飛行機には艦とは違う判断が要求されることを学ばねばならなかった。

航空本部技術部長

十ヵ月間の「赤城」艦長の勤務を終えた山本は、ロンドン海軍軍縮会議の全権委員随員としてロンドンに行くことになった。堀悌吉《ていきち》が軍務局長として海軍省の中枢にあり、堀の強い希望もあって随員を引き受けた。会議が本格化する前に少将に進級しているが、これも堀の配慮のおかげであった。紛糾した会議については前述の軍縮の章に譲ることにして、ますます山本は航空分野の諸事業に係わるようになる。これまでは飛行機を運用する側について多くを学んできたが、帰国後は一転して、飛行機を開発する側に身を置くようになった。自分から希望したポストと思われ、三ヵ月間の海軍省出仕のあと、昭和五年十二月一日に航空本部技術部長に就任した。

航空分野の充実

航空分野においては、要員養成を教育局、機体や航空エンジンの開発製造を艦政本部がそれぞれ担当し、課題が生じると調査会、委員会を設置して対応したが、どちらも従来の業務に航空関連を付け加えただけであった。日進月歩の航空分野に責任ある指導機関が存在しないというのは、欧米との格差を縮める上においても不都合この上なかった。しかし航空分野の独立には周囲から強い圧力があり、これを乗り越えるために、山本英輔を中心とする航空関係者が懸命の努力を重ねた。ようやく航空関係業務が独立し、海軍大臣直属の航空本部が創設されたのは、昭和二年四月一日であった。初代本部長には山本英輔が就任し、総務部長に前原謙治《まえばらけんじ》大佐、教育部長に臼井国《うすいくに》少将、技術部長にはアメリカ留学の山本を指導した上田良武少将が任じられた。

航空本部の機構

機構は総務部、教育部、技術部の三部から構成され、教育局と艦政本部が担当していた航空関係の大部分を引き取った。大部分と述べたのは、例えば航空機銃・航空魚雷・航空機用通信機等の開発は艦政本部に残り、要員養成も教育局が担当を続けることになったからである。航空本部の所管事項は、航空兵器の企画、研究、開発、教育全般、運用のほか、航空行政専任機関として航空燃料の算定、破損機の予算見積もり、死亡搭乗員家族への弔慰金、年金支払い問題等に関する調査も担当した。

海軍航空廠の設置

なおこの頃、一方に海軍航空廠を設置する動きがあった。官制上、航空廠は横須賀鎮守府に属すが、設置されれば航空本部との関係が濃密になるはずであった。その源流は、航空機に関する諸実験を行なうため、大正七年に東京築地に設置された海軍航空試験所にある。同試験所は十二年に海軍技術研究所に変更され、十四年に霞ヶ浦航空隊の隣に航空研究部を置き、さらに昭和四年に横須賀海軍工廠内に航空機実験部を、昭和五年に発動機研究機関として実験部を置いた。しかしこれらの機関も艦政本部の所管であったため、何かと不便が多かった。航空本部としては、航空機開発のスピードを上げるために直轄の実験機関がどうしてもほしかった。そこで第二代航空本部長安東昌喬《あんどうまさたか》は、艦政本部から切り離された海軍航空廠の設置を企図したが、予想通り艦政本部が反対した上に、海軍技術研究所が猛反対した。しかし安東の忍耐強い努力の結果、四年六月に海軍航空廠設立の方針が決定し、五年十一月から設立準備事業がはじまった。

航空廠の所管事業

昭和七年三月に定められた「海軍航空廠令」の第一条に「海軍航空廠ハ横須賀軍港ニ之ヲ置ク」とあるが、実際には横須賀海軍航空隊の隣接地に建設するという方がわかりやすい。山本が航空本部技術部長として赴任するのも、こうした海軍航空の急速な発展期に当たっていた。しかし航空廠が開設されたとき、あまりに陣容、施設とも貧弱であったので「から廠」などとからかわれた(戦史叢書『海軍航空概史』六七頁)。海軍航空廠の所掌事項は、第二条に「航空兵器ノ設計及実験、航空兵器及其ノ材料ノ研究、調査及審査並ニ之ニ関スル諸種ノ技術的試験ヲ掌ル」と定められ、組織的に風通しのいい環境、諸々の航空研究実験の一元化によって、短期間に多くの成果をあげることを目指した。航空廠は年々研究分野が増え、施設も拡充され、十三年に材料部、十四年に発着機部、十六年に電気部と爆弾部が増設されて九部にふくれ上がり、マンモス研究機関へと発展した（碇義朗『航空テクノロジーの戦い』一七一八頁）。十四年四月に航空技術廠（空技廠）と改称され、二十年二月に第一航空技術廠に変わった。

歴代の技術部長

山本が技術部長になったのは、ロンドン軍縮条約調印をめぐる海軍内の分裂と対立の副産物として政府が軍備補充策を約束し、これを受けて海軍が航空戦力の強化に走りはじめる時期に当たっていた。技術部長は飛行機の研究開発を任務の中心に据える航空本部の要のポストであり、初代部長古川四郎、二代目上田良武、三代目臼井国は技術面にも造詣が深く、いずれも海軍航空界の重鎮であった。彼らに比べれば四代目の山本は素人といっても過言ではなかった。

もっとも山本が仕えた第二代航空本部長安東昌喬、第三代松山茂は、いずれも山本と同じ砲術出身であったが、航空本部長として非常に評価が高く、専門が違えば仕事ができないというのは早計である。専門家は得てして大局にうとく、小事に深入りしすぎる傾向がある。山本のように世界の大勢に明るく、歴史の流れを見る目がすぐれていれば、方向付けに間違いが少ないので、時間の経過とともに判断と指導の正しさが理解されてくる。航空界にはまだ伝統らしきものがなく、人の能力を判断する基準、仕事を評価する基準も不確定で、熱意や意気込みで支持される傾向があった。山本の技術部長就任は冒険めいてはいたが、冒険すること自体が海軍航空の若々しさ、因習にとらわれない自由闊達な体質、困難に立ち向かう強い挑戦意欲を反映していた。

飛行機開発の計画案

第二代航空本部長安東昌喬によって機体、発動機ともに国産化する基本方針が決まり、第三代松山茂はこの方針を強力に発展させた（碇前掲書六三頁）。技術部長になった山本に課せられたのは、この方針に基づく飛行機開発を軌道に乗せることであった。最初に取り組んだ仕事は、技術部首席部員である和田操《みさお》中佐が起案した昭和七年度から九年度までの航空機の試作計画を審査し公認することであった。和田は、のちに航空技術廠長、航空本部長になる航空畑生え抜きのエリートであったが、それだけに計画案は意欲的であった。計画案は、各機種毎に新式機への交換順序を定め、設計、試作を民間会社に割り当てるか、さもなくば競争試作させるというもので、アメリカでは早くから行なわれてきた方式だが、日本でははじめての導入であった。

民間への製造委託が通例

艦船は海軍工廠と民間造船所で建造されるが、航空機については、大正十年に艦政本部第六部長の山内四郎が「将来、機体と発動機の量産は、主として民間工場に行わせ、海軍の工場で研究、試作、修理」を行なう基本方針を立てた（『海軍』第十三巻四五頁）。これを受けて中島飛行機、三菱内燃機（のち三菱航空機）、愛知時計電機（のち愛知航空機）の三社が指定を受け育成された。この方針に従えば、民間会社は海軍が設計、開発したものを製造するだけでよいから、リスクのないぬるま湯につかっているようなものである。このような政策の下で、川崎航空機、川西航空機、日立航空機、九州飛行機、立川飛行機が相次いで指定され、合わせて八社にもなった。

民間の競争試作を促す

和田の計画案が実施されると、これからは民間会社も設計、試作を行ない、各社との競争にさらされることになる。従来の方針と異なり、自分で研究・設計し試作しなければならないことになり、これまでの海軍側から設計図が渡されるのを待っているだけでよかった状況が一変するわけである。国にもたれかかって仕事をしてきた民間会社は、これからは競争に打ち勝たなければ生き残れなくなり、まさに極楽から地獄に突き落とされたようなものであった。これを契機に各会社は優秀な技術者を集め、企画力・開発力を高め、次第に会社側から独自設計の企画を海軍に提出する能力を身につけていくことになる。三和義勇が山本の技術部長の業績として、「海軍航空技術陣に大刷新を行われ、又惰眠を貪るかに見ゆる民間会社に、覚醒の鉄槌を加えられた」（「水交社記事」）と回想しているのは、このことを指している。

工場視察

山本は、航空本部の椅子に座って叱咤激励する文書をつくり、それを民間会社に送付するだけで、十分仕事をしたと胸を張る人間ではなかった。暇を見つけては中島飛行機の工場がある群馬県太田、三菱内燃機のある名古屋に出かけ、会社の立地条件や製造現場を自分の目で確かめることにつとめた。アメリカの自動車産業を何度か見た経験のある山本が、まだ手作り的生産の段階にある日本の航空産業を見てどのような感想を持ったであろうか。大量生産方式は需要と供給の関係の中から要求されてくるもので、当時の発注量では大規模な生産設備を整備する必要性はなかった。しかし山本の目には、小規模な町工場で造る時代は間もなく終わり、大規模な近代的生産施設で均質の航空機を大量に生産する時代が来ると映っていたにちがいない。太平洋戦争開戦の頃には、中島飛行機や三菱航空機は、世界的に見ても第一級の生産設備を誇るまでになっていたが、このような飛躍は山本の技術部長時代に出発点があった。

金属製飛行機の開発

すぐれた技術者であった和田は、昭和四年から単葉の全金属製の九〇式一号飛行艇の基本設計に取りかかった。細部設計は広島県呉の広《ひろ》工廠、川西航空機で別々に行なわれ、五年に試作機が完成した。翼の上に三基の発動機を持ち、海軍機でははじめて最後尾に銃座を設け、爆弾搭載量一トンは海軍機では最大であった。最も大きな特徴は、機体全体が従来の羽布張りと違うアルミ製という点であった。しかし昭和六年に初飛行したものの、操縦性に安定を欠き、エンジンにも幾つかの不具合が見つかった。そのため調整や改善が試みられたが解決に至らず、結局採用されずに終わった。それでも全金属製の飛行機を製作し、初飛行まで行ない、金属製飛行機への扉を開け放つことができた功績はきわめて大きいと評価された。三和が、「飛行機が木製の幼稚な時代から、金属製の高性能に進歩するの素地は此の間に培われ」たと述べているのは自画自賛でも誇張でもない。貴重な経験に終わったが、和田の上司である山本の支持と強い指導があったがゆえに許され、多くの価値ある資料を収集できた。

資源は輸入依存

山本が石油に着目したのは軍艦の重油化ではなく、内燃機関で飛行する飛行機の石油消費であったと思われる。慧眼《けいがん》である。飛行機の金属化にもかかわったとき、材料の素になるボーキサイトの入手にも目をつけたのかといえば、残念ながらそれを物語るような逸話はない。軍艦の材料である鉄は日本国内で若干産出し、軍艦を動かす石炭は、高い質を要求されなければ国内産で十分に賄えた。しかし飛行機になると、機体の材料も動かす燃料もすべて輸入に頼らなければならなかった。山本が着目したように、飛行機は非常にすぐれた兵器になる素質を持っていたが、ほとんどの材料や燃料を輸入に依存しなければならないため、飛行機を主力化すれば、日本の軍事力に大きな弱点を抱えることになりかねなかった。資源の安定した取得のために、日本の対外政策はこれまで以上に注意深く進めなければならなくなった。だがすでに満州・中国大陸における陸軍及び現地邦人の行動は、中国社会の反感を煽り、日本の国際的孤立化を深めつつあった。

設計・製造を重視

第二代航空本部長安東昌喬の下で、日本人だけで機体及び発動機を設計し製造する計画を立て、九〇式艦上戦闘機、九〇式機上作業練習機の開発に着手し、前者を中島飛行機、後者を三菱内燃機が手がけた。これまでは外国製か、ライセンス生産、外国人技術者を招聘して設計と生産を行う方式かであったが、これからは外国の先進技術を積極的に導入しつつ、独自の設計及び製造能力の育成を目指した。山本が赴任すると、要求性能に思い切った重点主義を取り入れ（戦史叢書『海軍航空概史』三五頁）、複葉の九〇式艦上戦闘機の機体に中島製発動機をつけて最高時速三〇〇キロ近くを要求、また高翼単葉の九〇式機上作業練習機の機体に三菱内燃機製発動機をつけ、練習生五名を乗せて飛行訓練ができる性能を要求するなど、人材・資材を集中する開発を促す指導が行なわれた。

中島飛行機

すでに中島飛行機では、昭和に入るとすぐに自社リスクによって、英国グロスター社製三式戦闘機の性能向上型の開発に着手し、エンジンの換装、主翼の全面的設計見直しを進めていた。そこに航空本部から独力で開発するように指導があった。その際、航空本部が研究用に輸入してくれた米ボーイング社製の一〇〇Dが大いに役立ったといわれ（多賀一史『日本陸海軍航空機ハンドブック』二八頁）、模倣の域を脱するのは容易ではなかったにちがいない。それでも独力で設計から製造までやりぬき、九〇式艦上戦闘機が完成した。本機は昭和七年四月にA2N1の型式番号で採用された。

三菱

一方、三菱の九〇式機上作業練習機の方は、昭和三年から開発が始まり、四年に試作第一号が完成した。大西洋を横断したリンドバーグの「スピリッツ・オブ・セントルイス」の形状によく似ているが、リンドバーグ機が操縦席から直接前方が見えない構造であったのに対して、九〇式練習機は主翼の後ろに操縦席があり、周囲が見えるユニークな構造であった。テストの結果がよく、山本の時代にK3M2の型式番号で制式採用された。胴体は鋼管溶接構造に羽布張りであったが、シンプルに徹した思想が当たってすぐれた運用実績を示し、六〇〇機以上も生産された。派生型として連絡機、輸送機、水上機も開発され、太平洋戦争末期まで使用されるロングセラーとなった（多賀前掲書一六六頁）。

中国軍との初の航空戦

昭和七年一月二十八日、第一次上海事変が勃発した。前年に陸軍が起こした満州事変に対抗して、かつ陸軍の側面支援のため海軍が起こしたものだといわれる。地上部隊を支援するために空母「加賀《かが》」と「鳳翔」の海軍航空隊が参加したが、思いがけず中国軍の航空隊と初の空中戦を演じた。中国軍の米国製航空機は速力で日本機を上回ったが、操縦技術で日本軍が上回り、優勢な戦いを展開した。こうした空中戦が航空機開発を一層刺激しただけでなく、航空機が実戦に不可欠な存在になりつつあることを強く印象づけた。

試作機の増大

航空本部の競争試作、国産化の方針とが相まって、昭和七年頃から目立って試作機が多くなった。航空本部では、七年から試作された機には、七試××機という呼称がつけられるようになった。試作機の呼称を整理する必要が生じたための措置であった。この年に試作を指示されたものを見ると、意欲的であったものの失敗した方が多く、航空機開発が容易な道のりでなかったことをよく物語っている。

陸上大型攻撃機

次に前年に試作指示があったものや、七〜八年にかけて指示が出されたものがあり、それらの中から話題性豊かな機を選び、急成長期の海軍航空の動向を眺めてみる。

七試陸上大型攻撃機は競争試作ではなく、大型機製造に実績のある広工廠に指示してつくらせたものである。広工廠は、呉駅から三原方面行の列車に乗るとすぐにトンネルに入るが、出たところが広である。同機は、広工廠がロールバッハ飛行艇の製造等で培った技術を使い、岡村純造少佐を主任設計者として、張力場二桁箱型構造の主翼にモノコック構造の胴体、全幅三一・七メートル、全長二〇メートル、全備重量一一トンという、当時としては常識はずれの巨人機であった。昭和八年に完成し、初飛行で横須賀から霞ヶ浦まで飛び、そこで試験飛行が実施されたというだけでも、完成度の高さをうかがわせる。主車輪が当時の男性平均の身長よりも大きく、大きな話題になった（奥宮前掲書六八―九頁、多賀前掲書八五頁）。だが八年に三菱が請け負った九六式陸上攻撃機の方が実用性にすぐれていたため、八機の生産にとどまったが、日本の航空技術がこれだけ大きな飛行機をつくる能力を証明した点で大きな意義があった。

昭和７年の航空機開発

試作機呼称	製作機関・会社	試作後の結果
七試艦上戦闘機	三菱・中島	不採用
七試艦上攻撃機	中島・三菱	不採用
七試双発艦上攻撃機	広工廠	不採用
七試陸上大型攻撃機	広工廠	八機生産止まり
七試水上偵察機	川西・愛知	川西機採用

　七試艦上戦闘機は三菱と中島の競争試作で進められたが、新進の堀越二郎が設計した三菱機が中島機の性能を大きく上回った。複葉機が一般的であった時代に海軍機としてはじめて低翼

単葉式を採用し、速力も従来のものより五〇キロも速い画期的機体であった。重量が過大であったのが不採用の原因になったとの見方もあるが、横須賀航空隊の名パイロット岡村基春《もとはる》大尉が試験飛行中に錐揉《きりも》みを起こして墜落、岡村も重傷を負ったことが主な原因であった（奥宮前掲書六九頁）。しかしジュラルミン製のモノコック構造、ユニークな主翼構造など新技術が使われ、その技術的成果はつぎの九試単座戦闘機に生かされた。同機は九六式艦上戦闘機として採用され、日中戦争期の海軍の主力戦闘機として中国戦線で活躍し、名機と謳われた。

水上偵察機

七試水上偵察機は、航空本部が川西飛行機と愛知時計電機に競争試作させ、勝ち残ったのが川西であった。三座・複葉・金属骨組みの羽布張りという手堅い設計で、二つのフロートを機体下につけたオーソドックスな形状は特徴に乏しかった。しかし性能面で愛知機を大きく上回り、昭和九年に文句なく採用されて九四式一号水上偵察機となった。横須賀からタイのバンコックまで無着陸飛行し、並はずれた航続能力を誇示して世界を驚かせた。発動機は日本では珍しい水冷式であったが、構造が複雑で整備や取り扱いが面倒であった。十三年にエンジンを空冷式「瑞星」に換装し、信頼性をさらに高めた。基本設計がよかったため、太平洋戦争時まで長期間使われることになった。

昭和七年の革新的開発

このような昭和七年の機種は、第一次大戦時代の複葉式、羽布張り、外国製といった段階から単葉式、ジュラルミン製、独自設計へと変わる転換期の代表作になった。第三代本部長松山茂、技術部長山本という強力なラインによって、航空廠、民間会社の創造的開発が促進され、革新的機種が相次いだ。不採用になったものの、技術はつぎの開発に生かされた。山本技術部長の時代に新機種がつぎつぎに採用されたわけではないが、開発のテンポが早まり、技術革新が促進されたことは疑いない。戦闘機を例に、昭和七年から太平洋戦争開戦期までの進歩の流れを概観すると、七試艦上戦闘機がエンジン出力約五八〇馬力、最大時速約三二〇キロ、航続距離七〜八〇〇キロ、七・七ミリ銃二門であったのが、零戦三二型では一〇五〇馬力、五五〇キロ、二四〇〇キロ以上、七・七ミリ銃二門及び二〇ミリ二門と、非常な勢いで性能が向上したことがわかる。

山本部長時代の活気

航空界は多数のプロジェクトが同時に進行し、活気に溢れた時代であった。海軍軍縮に伴う航空戦力充実という強い追い風を受け、航空本部を中心に航空廠及び民間会社とが、優秀機を目標に猛烈な勢いで研究、実験、設計、製作に取り組んだ時期であった。航空機開発の要である技術部長に、高いリーダーシップを持ち、マネージメント能力にもすぐれ、かつやる気満々の山本が就任したことも、一層勢いづく一因になった。山本技術部長時代の発展があったがゆえに、太平洋戦争初期の日本軍の勝利が実現できたともいえる。

第一航空戦隊司令官

山本は、昭和八年十月三日をもって第一航空戦隊（一航戦）司令官となった。航空機の製造者から使用者に移ったことになる。旗艦はなつかしい空母「赤城」で、艦長は塚原二《に》四《し》三《ぞう》であった。塚原も山本と同じように途中から航空畑に移り、航空部隊の育成に尽力してきた。日中戦争が勃発すると、第二連合航空隊司令官、第一連合航空隊司令官として航空部隊を指揮して武漢や重慶の爆撃を行なったが、十四年に重傷を負った歴戦の持ち主である。

少数精鋭主義

航空機の使用者側に回った山本は、「赤城」艦長時代に評判の高かった激しい訓練を再び航空部隊に課した。海軍の一部隊であるからには、航空部隊といえども例外ではなかった。山本は、厳しい訓練を経た精鋭の航空隊を育て、アメリカに対して兵力面で劣る日本の弱点を補うために、大量に操縦者を育成することに無関心であったわけではない。不沈と思われている戦艦や重巡から成る主力艦隊には消耗の思想が入りにくいが、弾一発当たるだけで墜落するかもしれない航空機の場合、戦いがはじまれば機体と操縦者がどんどん消耗する覚悟が必要であった。無論、山本が目指したように一騎当千の操

（ご注意）

・この用紙は、機械で処理しますので、金額を記入する際は、枠内にはっきりと記入してください。また、本票を汚したり、折り曲げたりしないでください。

・この用紙は、ゆうちょ銀行又は郵便局の払込機能付きＡＴＭでもご利用いただけます。

・この払込書を、ゆうちょ銀行又は郵便局の渉外員にお預けになるときは、引換えに預り証を必ずお受け取りください。

・ご依頼人様からご提出いただきました払込書に記載されたおところ、おなまえ等は、加入者様に通知されます。

・この受領証は、払込みの証拠となるものですから大切に保管してください。

収入印紙
課税相当額以上
貼　　付

印

この用紙で「本郷」年間購読のお申し込みができます。

◆この申込票に必要事項をご記入の上、記載金額を添えて郵便局でお払込み下さい。

◆「本郷」のご送金は、４年分までとさせて頂きます。

※お客様のご都合で解約される場合は、ご返金いたしかねます。ご了承下さい。

この用紙で書籍のご注文ができます。

◆この申込票の通信欄にご注文の書籍をご記入の上、書籍代金（本体価格＋消費税）に荷造送料を加えた金額をお払込み下さい。

◆荷造送料は、ご注文１回の配送につき500円です。

◆キャンセルやご入金が重複した際のご返金は、送料・手数料を差し引かせて頂く場合があります。

◆入金確認まで約７日かかります。ご諒承下さい。

※現金でお支払いの場合、手数料が加算されます。通帳またはキャッシュカードを利用し口座からお支払いの場合、料金に変更はございません。

※領収証は改めてお送りいたしませんので、予めご諒承下さい。

お問い合わせ　〒113-0033・東京都文京区本郷７－２－８
吉川弘文館　営業部
電話03-3813-9151　FAX03-3812-3544

この場所には、何も記載しないでください。

払込取扱票

02 東京

通常払込料金加入者負担

口座記号番号	金額
00100-5-244	千 百 十 万 千 百 十 円 ※

加入者名	料金	備考
株式会社 吉川弘文館		

各票の※印欄は、ご依頼人において記載してください。

ご依頼人・通信欄

フリガナ ※お名前	
郵便番号	電話
※ご住所	

※

〈この用紙で書籍代金ご入金のお客様へ〉
代金引換便、ネット通販ご購入後のご入金の重複が増えておりますので、ご注意ください。

◆「本郷」購読を希望します

購読開始　　号 より

1年 1000円 (6冊)　3年 2800円 (18冊)
2年 2000円 (12冊)　4年 3600円 (24冊)
(ご希望の購読期間に○印をお付け下さい)

日附印

裏面の注意事項をお読みください。(ゆうちょ銀行)(承認番号東第53889号)

これより下部には何も記入しないでください。

切り取らないでお出しください。

記載事項を訂正した場合は、その箇所に訂正印を押してください。

振替払込請求書兼受領証

口座記号番号	00100-5 通常払込料金加入者負担 244
加入者名	株式会社 吉川弘文館
金額	千 百 十 万 千 百 十 円 ※
ご依頼人	おなまえ ※　様
料金	日附印
備考	

この受領証は、大切に保管してください。

縦者を養成することはきわめて重要だが、それと同時に大量に操縦者を養成する発想も不可欠であった。

総力戦との矛盾

航空部隊の場合、少数精鋭の搭乗員を養うよりも、ある程度のレベルに達した多数の搭乗員を多数抱える方が戦力維持につながる。これこそが、消耗を伴う総力戦において求められる兵力養成の在り方であった。短期決戦及び奇襲先制の戦法では少数精鋭が重要視されても、総力戦では大量の兵力育成の方がむしろ重視される。つまり日本の奇襲先制の戦法と総力戦には相容れない点があったが、山本の方針は霞ヶ浦時代の考え方を徐々に修正し、少数精鋭の航空隊の育成という方向に変わってきたように思えてならない。

第四　海軍次官と連合艦隊司令長官

一　海軍次官

大角人事

航空本部技術部長以後の山本の経歴は目まぐるしい。昭和十一年に海軍次官になるまで、一年以上つとめたポストがない。それほど頻繁に変わるということは、昇進が早まったことを意味する。ちょうどこの時期は、軍縮条約に理解を示し、条約派と目された将官が追放される大角《おおすみ》人事が吹き荒れた頃で、財部彪《たからべたけし》、谷口尚真《なおみ》、山梨勝之進《かつのしん》、左近司政三《さこんじせいぞう》、寺島健《けん》、堀悌吉《ていきち》らが後備役、予備役に追われた。もっとも大角人事というのは世間の風評で、意図的人事が行なわれたことを示す確かな証拠は今日まで皆無であることから、偶然が重なっただけという反論もできないわけではない。盟友堀悌吉が予備役に回されたのは、山本がロンドン軍縮会議の予備交渉のために日本を留守にしている間だが、ある朝、同行した書記官榎本重治《じゅうじ》から夢に堀を見たと聞かされ、堀がやられたと直感した有名な逸話がある。山本が堀のクビが切られるのを懸念していたことは、人事をねじ曲げる意図的な力が存在していた事実を物語っている。

航空本部長に就任

ポストに幾つもの空きができると、これを埋めるために一斉に人事が動き、思いがけない結果を生み出すこともめずらしくない。山本の目の回るような転勤と昇進とをこれに関連付けることは早計かもしれないが、間接的影響は当然受けていたと見るべきである。ロンドン会議の予備交渉から帰ってきた山本は、昭和十年十二月二日、古巣の航空本部に本部長として戻ってきた。飛行機開発は順調に進んでおり、名機九六式戦闘機の試作機が試験飛行に入ろうとしていた。

戦闘機廃止論

この時期に議論が盛り上がっていたのは、戦闘機廃止論と空軍独立論であった。陸軍と海軍では、同じ議論でもニュアンスが違っていたが、目指す方向はだいたい同じであった。陸軍における戦闘機廃止論は、全身をハリネズミのように機銃で覆った大型爆撃機であれば、戦闘機の護衛なしで単独で敵地に侵入し、目標を爆撃して帰還できるので、戦闘機などいらないという主張である。大馬力のエンジンをつくる能力がなかった日本では成功しなかったが、イギリスのランカスター爆撃機、アメリカのB17やB29爆撃機は大成功を収め、ドイツと日本を敗戦に追い込む上で決定的役割を果たした。

山本の慎重な行動

これに対して海軍の横須賀航空隊では、攻撃機や爆撃機の速力が上がって進攻能力が高まり、戦闘機の護衛なしでも目標に到達可能になり、敵の艦隊や航空基地に対する攻撃で大きな戦果が期待できるという意見が持ち上がった（前掲戦史叢書五九頁）。海軍の戦闘機廃止論には勢いがあり、その影響を受けて、昭和十年から戦闘機搭乗員の養成数が減らされ、十一年度から強化された艦上爆撃機の搭乗員に戦闘機搭乗員が当てられるという措置まで取られた（奥宮前掲書七八頁）。航空隊のやることに航空本部が口を出せる立場になかったが、意見を求められる可能性が大きかった。しかし山本は本部長の立場をよく理解していて、関係者を刺激しないようにきわめて用心深く行動した。

空軍独立論

空軍独立論の方は、大正九年十月に設置された「陸海軍航空委員会」において議題になったが、時期尚早という理由で見送られた経緯がある。だが昭和十年にドイツが空軍を独立させたことに刺激を受け、再燃したものである。昭和十一年五月、海軍大学校教官加来止男《かくとめお》中佐と陸軍大学校教官青木喬《たかし》少佐が連名でそれぞれの校長宛に空軍独立に関する意見書を提出した。加来は、ミッドウェー海戦で米軍機の来襲を受けて三隻の空母が相次いで撃沈された際、果敢に反攻に出た空母「飛龍《ひりゅう》」の艦長で、最後は第二航空戦隊司令官山口多聞《たもん》と運命を共にしたことで知られる。意見書の内容は、陸海軍の作戦に不可欠な航空部隊は陸海軍に残し、純空軍的作戦を行なう大型機部隊と国土防空に任ずる部隊とによって独立空軍をつくり、陸海空三軍を統制する最高統帥《とうすい》機関を設置するというものであった（前掲戦史叢書七三—四頁）。

山本は空軍独立に反対

非常な卓見であったが、山本が本部長をつとめる航空本部が強く反対し、加来の意見について真剣に検討しなかった。反対の中心人物が山本であったからである。陸海軍の航空機開発がまったく別個に行なわれ、とくに海軍が陸軍と同じような基地航空隊用の陸攻と呼ばれる重爆撃機をつくったことは、世界的に見ても特異な現象であった。その極め付きが、Ｂ29に近い性能を狙った海軍の大型攻撃機「連山《れんざん》」、陸軍の「富嶽《ふがく》」の開発で、アメリカでさえ国家を挙げてやっと完成させたＢ29を、日本では陸海軍が別々にやろうとした。国力を考慮すれば、陸海軍が技術者、資材、実験データを持ち寄って協同開発し、協同運用するくらいでなければならないが、陸海軍は国力を引き裂くほど非協力的であった。陸軍の容喙《ようかい》を嫌う山本は一貫して空軍独立に反対し、歴史の趨勢に背を向ける態度をとった。

反対のための理論構築

すでに山本が航空本部を去っていた昭和十二年七月、航空本部は長文の「航空軍備ニ関スル研究」を発表した。どういう制度がよいか模索した内容というより、空軍独立を否定するために、理論構成した印象を受ける。「統一空軍制」について「帝国としては地理的ないし軍事的対勢上到底採用できない」と結論し、その理由について主に技術面より説明する。しかし技術上の障碍は、十分な学習、訓練をすれば克服できるもので、決定的理由にはなりえない性格のものである。最大の理由は文面にはない理由、すなわち空軍を独立させた場合、指導層に陸軍出身者が多数入り込んで指導権を握り、陸軍の用兵思想に基づく空軍になる可能性が大きいと危惧されたことにあった（前掲戦史叢書七五―七頁）。つまり組織の縄張り争いで人数の多い陸軍にかなわず、指導権を取り上げられたくなかったのが本音であった。おそらくこの陸軍に対する不信感に根差す主張こそ、山本の考えそのものだったと思われる。

太平洋戦争開戦後、ニューギニア及びソロモン諸島方面において島嶼《とうしょ》戦が展開されると、陸海軍が同じ地域で戦うようになり、陸上や海上を自在に飛行する航空機が陸軍と海軍に別れて作戦するのが不都合になり、せめて指揮権だけでも統合してはどうかという意見が現場の航空隊から出た。昭和十七年末、先に加来とともに空軍創設運動を起こした青木喬は、戦場の要求に基づき再び海軍側に働きかけたが、再び山本の反対にあって潰された（堀栄三『大本営参謀の情報戦記』三六―七頁）。強大化するケニーの米陸軍航空隊に対抗するためには、陸海軍航空隊が一本化することが焦眉の要請であったが、別々に対抗せざるをえなくなった。南方戦線では海軍航空隊の方がずっと多く、少数派の陸軍航空隊に乗っ取られる懸念は少なかったが、なぜか山本は強く反対し続けた。どうやら海軍航空隊だけで戦えると錯覚していたとする解釈が、当たっているように思われる。

海軍次官に就任

昭和十一年十二月一日、山本は長谷川清のあとを受けて海軍次官に就任した。海軍大臣永野修身《おさみ》のたっての要請であった。しかし永野は二ヵ月後に連合艦隊司令長官に転出し、後任に米内光政《よないみつまさ》がなった。また軍務局長も十二年十月に豊田副武《そえむ》から井上成美《しげよし》に交代し、米内・山本・井上のラインが形成される。敗戦後、このラインが存在したことをもって、海軍が対米戦争に反対した証として引き合いに出されるが、ラインの存在期間はわずか一年十ヵ月にすぎなかった。

米内光政

海軍省優位の伝統

ロンドン軍縮条約をめぐる海軍内の分裂は、いわゆる条約派と呼称される人材を予備役に追いやるばかりでなく、条約批准につとめた海軍省の権限を縮小し、軍令部の強化を目指す契機になった。陸軍と違って海軍では、統帥権を軍令部長とともに海軍大臣が補佐し、編制権は海軍大臣だけが担い、海軍省・軍令部の二元制を海軍大臣が一元化することで秩序を維持してきた（戦史叢書『大本営海軍部・連合艦隊〈1〉』二三三頁）。昭和七年に軍令部次長に高橋三吉が就任すると、この伝統を崩すべく猛烈な活動をはじめ、まず報道宣伝の実権を握った（海軍歴史保存会編『日本海軍史』第三巻通史第四編三五八頁）。ついで定員五割増を狙ったが、強い抵抗にあって先送りした。最も力を入れたのが「軍令部令」と「海軍省軍令部業務互渉規程」の改正で、八年十月一日の「軍令部条例」の施行で目的を達している。

軍令部の強化

軍令部は、「国防用兵ノ事ヲ掌ル」ことが認められ、軍令部長から変わった「軍令部総長」は「天皇ニ直隷《ちょくれい》シ、帷幄《いあく》ノ機務ニ参画」することになり、海軍省優位の伝統が崩れ去ったのである。しかも海軍大臣の人選において、軍令部総長伏見宮博恭《ふしみのみやひろやす》王の同意を得る不文律が成立し、海軍省の軍令部に対する立場は一層弱くなった（野村実『歴史のなかの海軍』七四頁）。

ワシントン軍縮条約を廃棄

昭和八年三月、国際連盟を脱退し、五月には連合艦隊が常設となり、さらに第三艦隊及び第一航空戦隊が常設になった。情勢に対応しやすくするというのが主な理由であった。第一、第二艦隊の行動区域に委任統治領南洋群島が追加され、南太平洋に対する海軍の積極的姿勢が明らかになった。九年十二月三日、閣議はワシントン軍縮条約の単独廃棄を決定し、二十九日に米政府に通告している。この件に関して、元帥会議で説明をした軍令部第一部長嶋田繁太郎《しまだしげたろう》は、「すみやかに同条約の不利な拘束から脱却することは、国防上きわめて緊要である」とし、起こりうる建艦競争における不利については、「特徴ある兵力を整備し国防の安固を期しうる成算がある」（戦史叢書『海軍軍戦備〈1〉』四六五―六頁）と楽観的見方を示している。

ネイバル・ホリデイの終焉

ロンドン軍縮条約も、前述したように日本の主張と英米の主張との懸隔はあまりに大きすぎ、山本が予備交渉代表として奔走してもどうにも埋まるものではなかった。ついに政府は、ワシントン条約及びロンドン条約ともに、昭和十一年十二月三十一日をもって無効にすることを決定した。短いネイバル・ホリデイに終止符が打たれ、無条約下の建艦競争がはじまることになる。

嶋田繁太郎

「国策の基準」

八月七日には、首相・外相・陸相・海相・蔵相の五相が「国策の基準」を決定し、日本が今後目指す方向を明らかにした。内容は「帝国として確立すへき根本国策は外交国防相俟つて東亜大陸に於ける帝国の地歩を確保すると共に南方海洋に進出発展するに在り」とあるように、大陸と南方に対して国力の伸張をはかること、さらに陸軍の満州・朝鮮における兵力を充実し、一方、西太平洋の制海権を確保するべく海軍兵力を充実することを謳い、陸軍の北進策と海軍の南進策を併記する構成になっている。いわば大東亜共栄圏の前段階的構想といっていいかもしれない。「国策の基準」は、これまで陸海軍等が進めてきた膨張政策を整理して国家政策としたものだが、いずれ対ソ・対米英に直面することを暗に是認したものだともいえる。

緒方竹虎の山本評

このような情勢の下で、山本は海軍次官に就任した。緒方竹虎《おがたたけとら》が『一軍人の生涯　提督・米内光政』の中で、「山本五十六が永野海相の下に海軍次官に起用された事は正に海軍立直しのキッカケを造るものであった。（中略）山本はつとに部内の偉器として儕輩《さいはい》に推されていた」（一一頁）と、山本を称讃して彼の器の大きさと能力、識見を評価しているが、海軍の立直しをするには遅すぎた。まるで強風下で山火事が起こり、あちこちに飛火するため、東奔西走して鎮火につとめるような毎日で、腰を据えた施策など及びもつかなかった。

「大和」の建造

山本が批判していた戦艦「大和《やまと》」の基本設計が昭和十二年三月に最終決定し、十一月に呉工廠《くれこうしょう》で起工された。すでに建造に必要な諸手続きを終え、膨大な予算を執行し、航空攻撃に脆弱な「虚艦」の建造がいよいよはじまった。ここまできてしまうと、海軍内にできた「大和」建造の流れを止めることは、海軍次官の権限では到底不可能であった。山本の上司であった永野修身、米内光政が「大和」建造に反対し、海軍内の空気が一気に転換でもしない限り、山本としては何もできなかった。

日独防共協定

山本、米内光政、井上成美が海軍省に入る前の昭和十一年十一月二十五日に日独防共協定が結ばれた。当時の海軍大臣は永野修身、次官は長谷川清、軍務局長は豊田副武であった。海軍のこの協定に対する動きが話題にならなかったのは、日独接近の動きに対して海軍が強く反対し、協定の成立を遅らせる動きを取らなかったことを示すものであろう。長谷川清らの戦後の回想によれば、警戒したとあるだけで、具体的行動を何も取っていない（「長谷川清証言」「保科善四郎証言」防衛研究所所蔵）。

日独接近の動き

日独接近を最初に試みたのが、日本の外務省が先か、陸軍が先か微妙なところである。直接の動機は、昭和十年七月からモスクワで開催された第七回コミンテルンが、日独ファッシズム打倒を掲げたことにあった。翌年一月、帰国した駐ベルギー大使有田八郎が、極東ソ連軍の増強を外務次官重光葵《しげみつまもる》に報告し、日独接近を働きかけた。二・二六事件のあとを受けて広田弘毅《こうき》内閣が成立し、有田が外相に就任したことにより、日独接近の動きに拍車がかかった。駐独大使武者小路公共《むしやのこうじきんとも》に独政府内の様子を探らせたところ、ナチス党外交部長リッベントロップが積極的で、すでに大使館付武官大島浩少将と打ち合わせをしている事実も摑んだ。元来、独外務省も国防軍もともに中国寄りで、対英政策上も、日独接近を好ましいこととは考えていなかった。しかしヒトラーの個人的信頼を得ていたリッベントロップだけは違っていた（海軍歴史保存会編『日本海軍史』第三巻四〇二頁）。

有田外相は外交面からソ連を牽制する狙いでドイツとの連携を模索し、大島武官は軍事面から日露戦争を教訓にドイツと連携すれば、ソ連を背後から牽制できると考えた。はじめ中国寄りであった独外務省が日独連携に方向を変え、またヒトラーが日本重視の姿勢を打ち出したことによって、日独交渉は軌道に乗り、昭和十一年十一月二十五日、ベルリンにおいて武者小路駐独大使とリッベントロップ党外交部長との間で日独防共協定が調印された。本文、付属議定書、秘密付属協定、秘密書簡・秘密了解事項からなる

協定調印

協定の目的は、秘密付属協定の第一条がよく表している。

締約国の一方がソビエト連邦より挑発によらず攻撃もしくは攻撃の脅威を受けた場

合には、ソビエト連邦を援助しない。攻撃を受ける事態になった場合には両国間で協議する。

協定の目的

ソ連の東西で接する日本とドイツが連携することにより、ソ連の軍事的脅威に対抗し、本文で謳う共産インターナショナル破壊工作を牽制することが、協定締結の目的とされた。南方方面への進出に集中しはじめていた海軍が協定に反対する意見をいわなかったのも、協定の目的が南方にかかわることがないと判断したためであろう。戦後の井上成美の証言に、米内光政がこの条約に反対であったとあるが、直接関係するのは海相永野修身の考えであり、締結時に横須賀鎮守府《ちんじゆふ》長官であった米内の意見にどのような意味があるのであろうか。締結後に米内が海相になり、協定に不満をならしてもどうなるものでもない。

日中戦争勃発

山本が海軍次官に就任しておよそ半年後の昭和十二年七月七日、盧溝橋事件を口火に日中戦争が勃発した。陸海軍は事変の拡大に備え、航空作戦に関して華北方面は陸軍、華中・江南方面は海軍の担当とすることを決めた。第三艦隊は、中国側の戦備状況を観察して、航空部隊の進出と特別陸戦隊の上海派遣を強く要請した。現地の陸軍と海軍は、それぞれ中央の指示を受けて行動していたが、陸海軍間を調整して作戦を立てる機関すなわち大本営がなかった。八月になって、参謀本部第一部長の石原莞爾《かんじ》から軍令部第一部長の近藤信竹《のぶたけ》に提案があったが、近藤はアメリカの中立法発動を懸念して反対している（戦史叢書『大本営海軍部・連合艦隊〈1〉』三六二頁）。

大本営と政府

十一月になって、西園寺公望《さいおんじきんもち》の側近原田熊雄《くまお》にこの件について聞かれた山本は、「すべて陸海軍大臣の指揮に従ふやうにする意味のものならば、これもまた宜しいが、総理大臣を大本営の中に入れて所謂《いわゆる》ロボットにして、ファッショ的政治をする手段に内閣を使ふといふことならば、もう絶対に海軍は反対である」（原田熊雄『西園寺公と政局』第六巻一三三頁）と答えている。山本が「海軍としては、どこまでも狭義国防の意味での大本営を望んでいる」と述べていることから明らかなように、内閣の一部でも入れた大本営設置に海軍は反対であった。西園寺の「軍人ばかりで組織する大本営は非常に危険だ」（同一三〇頁）との認識と、山本の主張とには、非常に大きな懸隔があった。

政府不介入の大本営設置

十六日の閣議で戦時大本営条例が廃止され、必要に応じて設置できる国軍最高統帥機関である大本営の設置が決まった（海軍歴史保存会編『日本海軍史』第四巻一一四頁）。山本が希望したように、政府が大本営に入らない制度になり、やむなく「大本営政府連絡会議」なる連絡機関が設けられた。国をあげて戦う総力戦体制の実現を叫びながら、大本営から政府を閉め出した総力戦政策を進める陸海軍の姿勢はひどく矛盾している。

日中海軍の戦闘

　海軍中央は、日中戦争勃発直後の七月十一日、二個連合航空隊と二個水上航空隊を急遽編成する一方で、第一連合航空隊には、朝鮮済州《さいしゅう》島と台湾台北《たいほく》の基地に前進するよう命じた。また第二連合航空隊には、遼東《りょうとう》半島の大連《だいれん》に近い周水子基地に前進を命じた。八月に入り、華中方面で戦闘が発生し、たちまち上海《シャンハイ》方面に飛火した。十四日、中国機が揚子江《ようすこう》上にいた第八戦隊の艦船に爆撃を加え、これを迎撃した二機の九五式水上偵察機が一機ずつ撃墜した。これを待っていたかのように、各基地に展開した陸上攻撃機が、連日、揚子江に近い広徳《こうとく》、杭州《こうしゅう》、上海、南昌《なんしょう》、南京《ナンキン》、揚州《ようしゅう》等を爆撃したが、中国空軍の反撃、地上砲火によって撃墜されるか、被弾する機が相ついだ。

予想外の損害

　三日間の出撃で作戦可能機が、例えば鹿屋《かのや》航空隊では一八機から一〇機に、木更津《きさらづ》航空隊では二〇機から八機に減少した。「渡洋爆撃」などと大々的に報道されたが、実際は予想外の損害で、苦戦の連続であったというのが正しい（奥宮前掲書八九―九一頁）。山本が開発の指導に当たった航空機は、高い性能を発揮したものもあれば、問題点が見つかったものもあった。何よりも中国空軍が予想以上によく整備され、訓練も行き届き、海軍機に対して果敢な迎撃を行ない、大きな損害を被ったことが非常な驚きであった。

日本海軍の誤爆事件

事変中、海軍次官である山本は主に外交問題の処理に当たった。一つは駐中英国大使ヒューゲッセンが日本機の誤爆を受けて負傷した事件、もう一つは米砲艦パネー号が日本海軍機の爆撃を受けて沈没した事件であった。両事件の処理に当たって山本を補佐したのは、前にも紹介した海軍書記官の榎本重治《じゅうじ》である。まず昭和十二年八月に起こったヒューゲッセン負傷事件について、山本から意見書の取りまとめを命じられた榎本は大急ぎで事件を調査し、五項目からなる意見書を提出した。

事件に関する意見書

要点を紹介すると、㈠「支那事変」（原文引用）は国際法上の戦争ではないが、戦闘が行なわれている以上、戦争法規に準拠して行動すべきである、㈡戦闘が交戦法規の範囲内で行なわれる限りは、発生した損害が第三国人の生命財産であっても、交戦者がその責に任ずる義務はない、㈢陸上戦闘の行なわれつつある場所の近くも戦場というべきで、大使一行は中国軍から危険を警告されたにもかかわらず通行している、云々である。

山本の主張

山本はこれに若干手を入れ、榎本らが集めた資料を携えて駐日大使クレーギーとの交渉に臨み、次のように主張した。

……若し重要な軍事的目標があり、これを破摧《はさい》することが攻撃者の国家の為めであるとすれば、たとへ付近の無害の人民及び財産に重大損害を生ずるとするも、これを攻撃せざるを得ない。斯様《かよう》な場合に爆撃の効果を特定目標に限る為めに相当手段を尽した以上は攻撃機操縦者は処罰せらるべきではない。何んとなれば爆弾に多少の散布を生ずることは避け難いことであるからである。

理路整然とした言い分、山本の迫力ある態度に、さすがの大使も狼狽し、渋面をつくって愚痴ったが、何等の要求も出せなかった（榎本重治「山本元帥と国際法」、『有終』第三十巻第七号七月号二一―三頁）。

パネー号事件

昭和十二年十二月十二日に発生したパネー号事件は、内外に重大な衝撃を与え、日米間の亀裂をより大きくするのではないかと政府関係者を懸念させた。それまで陸戦支援ばかりで、本来の任務である洋上の目標に対する攻撃作戦がなく、少々イライラしていた海軍航空隊に、南京から脱出をはかる中国兵を乗せた商船一〇隻が揚子江を上流に向かって逃走中である旨の電話連絡が入り、出撃命令が下った。常州基地の全機が相前後して離陸し、揚子江上のそれとわかる船をつぎつぎと爆撃、機銃掃射で攻撃した。一段落して再度出撃した際、南京上流十カイリ付近に碇泊する三隻と、これに合流しようとする一隻を見つけ、急降下攻撃の態勢に入った。携行する二発の爆弾のうちの一発を投下した直後に目に入ったのは甲板に描かれたイギリス国旗で、大慌てでつぎの攻撃を中止した。攻撃部隊には、爆弾が目標に命中した感じはまったくなかった（奥宮前掲書一一四—六頁）。

関係者の処分

翌朝、四人の飛行隊指揮官は支那艦隊旗艦「出雲《いずも》」に呼び出され、彼らが撃沈・撃破したのは米砲艦パネー号とスタンダード石油会社の所有船であったと知らされ、唖然となった。誤爆であったことを確認した長谷川清司令長官は、参謀長の杉山六蔵少将を米アジア艦隊司令長官の下に陳謝に赴かせた。事態を重視した海軍省は、第二航空戦隊司令官三並貞三《みなみていぞう》少将を内地に帰還させ、関係者の処分を行なった。山本は原田熊雄に対して、「できるだけの処置はとった。これ以上のことは日本としてはとてもできない」（原田前掲書一八九頁）と、理解を求めている。

事件の徹底究明

しかしアメリカ側は日本機が米艦と知りつつ計画的に攻撃したと日本を非難し、米国内に「リメンバー・パネー」の大合唱が起きるとともに、米世論も蔣介石贔屓に転じる雲行きになり、海軍省にとって早期解決を迫られる難問になった。山本はあらゆる資料を収集して事実関係を詳細に調査し、理論上、日本側に責任があるか否かについて徹底した研究を行なった（榎本前掲書二三一—四頁）。一方、現地での調査によって、海軍機の誤爆の時刻に陸軍の武装艇が江岸に相ついで接舷する中国船に銃撃を加え、パネー号ら米船も見誤られて標的にされたことがわかった。海軍機が攻撃したのは操縦士が視界に入れた英船で、パネー号を攻撃したのは陸軍の武装艇であった可能性がある。

駐日大使との賠償交渉

山本らは事件が戦場における通常の錯誤にすぎなかったことを確信し、駐日米大使グルーに説明するため、わざわざ支那艦隊首席参謀高田利種《としたね》中佐と陸軍省軍務課長柴山兼四郎大佐を同伴させて米大使館に乗り込んだ。米大使館側はなぜ陸軍大佐が一緒に来るのか不思議に思ったが、山本が主に説明し、高田と柴山が補足する正確を期した数時間に及ぶ綿密な説明によって、パネー号乗員の証言が感情に走りすぎ、事実と合致しない点がいくつもあることが明らかになった。グルー、駐在武官も山本の説明に反論できないことがわかってくると、次第に態度を軟化させ、これまでの姿勢を変えるに至った(榎本前掲書二四頁、奥宮前掲書一一七―九頁)。結局、昭和十三年四月二十二日、日本政府が賠償金二二一万四〇〇〇ドルを支払い、外交的には結着した。

陸軍の南進

日中戦争における大きな変化を一つ挙げる。陸海軍間に中国南部を海軍の担当とする暗黙の了解があったが、昭和十三年十二月に陸軍二個師団が広東《カントン》攻略を目指してバイヤス湾に上陸し、さらに十四年二月には海南島《かいなんとう》に上陸し、戦争の様相と陸軍の活動範囲が変わったことである。蔣介石が南京放棄後、武漢《ぶかん》に逃れ、さらに重慶《じゅうけい》へと後退し、それに伴い援蔣ルートが中国南部へと移動、これと同時に戦闘地域も南下した。それまで北進策一辺倒であった陸軍が、これを契機に南進策ともいうべき行動を取りはじめた。満洲事変以来、現地部隊が独断専行によって既成事実をつくり、これを陸軍中央が追認するのが、陸軍の常套手段であった。海軍としては、暗黙の了解を越えて南下してきた陸軍が、同じことを中国南部でもやる危険性を警戒しなければならなくなった。

欧米列強の反応

　中国の海岸部一帯を戦場にした日中戦争は、列強の中における日本の立場を悪くした。日本が進める戦争を支持する国は一つもなかった。日独防共協定を締結したドイツでも、中国におけるドイツの経済利権が傷付けられただけでなく、中国を反ソブロックに引き込む計画も失敗し、対日関係を見直す動きが出てきた。一方の日本国内では、積極攻勢しかない陸軍がこうした情勢に無頓着で、また二つに分裂したままの海軍では、陸軍に同調する勢力が多数を占めていた。米内・山本・井上のラインが批判的姿勢を見せていたにしても、海軍省と勢力を分け合う軍令部の動きを抑える力はなかった。

日独伊三国防共協定

　昭和十二年、ドイツはスペイン内乱で英（仏）との対立を深め、十三年三月にはオーストリア併合、ズデーテン地方併合によってさらに対立を深めた。イタリアもスペイン内乱、アビシニア出兵によって似た状況に直面していた。十二年十一月にイタリアは、日独防共協定に参加することになり、協定の目的が対ソだけから対英（仏）的性格をも帯びるようになった（ゲルハルト・クレーブス「日独伊三国同盟」、同台経済懇話会編『近代日本戦争史』第四編一四四頁）。陸軍は、協定が対英（仏）的性格を持つようになったことを意識しなかったが、海軍省と外務省は強い懸念を持った。日独防共協定から日独伊防共協定への変貌は比較的スムーズであったが、三国同盟への変貌には、主に日独両国内、ことに日本国内に幾つかの意見や対立があり、調整時間が必要であった。

グローバル同盟の条件

複雑なヨーロッパ情勢の中で日本との同盟を求める独伊と、東アジア・西太平洋情勢の中で独伊との同盟を考える日本とが、利害の一致点を見出すのは至難であった。従来の地域内の同盟と異なる海を越えた遠方の国家との同盟、いわばグローバル同盟のむずかしさに直面したといえる。同盟を実効あるものにするには、相互の人・モノの往来が不可欠であったが、グローバル同盟ではその保証がなく、仮に相互援助を謳っても、リップサービスになる可能性が大きかった。それでもグローバル同盟にこだわる場合には、日露戦争直前の第一次日英同盟のように、リップサービスだけでも実効性ある利益をもたらす必要があった。

海軍の内情

日中戦争の展開につれ、陸軍も南進策を進めざるをえなくなっていたが、まだ海軍の南進策と歩調を合わせる段階に至っていなかっただけでなく、前述のように海軍の中が海軍省系と軍令部系に分裂し、とくに軍令部系が陸軍の主張に歩み寄る姿勢を見せたことが事態を悪化させた。また外務省内部も、駐伊大使白鳥敏夫を支持する勢力とこれを抑える勢力とに分かれ、政策の一元化を困難にしていた。こうした内情であったために、対独交渉に臨んでも明確な意思表示ができずドイツ側を苛立たせた。海軍は仏伊対立、英伊対立が同盟に持ち込まれるのを恐れ、同盟成立に消極的であった。

五相会議

昭和十四年一月、第一次近衛《このえ》内閣から平沼内閣に代わると、政府の三国同盟締結への動きが積極的になり、十九日の五相会議でその旨が決定された。このときの海軍の態度は、同盟の基本条約調印に賛成するが、派兵の範囲や方法を決める細目協定については海軍の要望をすべて出すというものであった。これに基づき、米内・山本・岡敬純《たかずみ》もしくは井上成美のラインは、随分とうるさい要求をつぎつぎに出した。

海軍の対外政策

戦後、海軍はあくまで三国同盟に反対したとする歴史が定説化されたが、必ずしも正しくない。海軍は独伊との提携を強化する一方で、英米との協調も促進しようとつとめた。見方によっては、政策を持っていなかったともいえる対応である。陸軍や外務省が出す案に対して海軍の利害に照らして賛否を明らかにするだけであった。つまり海軍から対案を出すことはほとんどなかったのである。敵をつくるのを避ける姿勢は一貫しており、それが海軍の対外政策といえるかもしれない。この頃が米内や山本が最も活発に行動した時期だが、まだ交渉は熱を帯びる段階になく、したがって命を賭けて反対したという話はどこから出たのであろうか。

欧州戦争と日本

国内での議論が決着しない間に、現地の駐伊大使白鳥敏夫は伊政府に対して、独伊両国が対英仏戦争になれば日本も参戦すると明言、これに続いて駐独大使大島浩も、独外相に同様の言明をしている。これに驚いた政府は、欧州戦争の場合、日本は参戦の意思がないと言明する一方、白鳥・大島両大使の召還を決定した。何にでも突進する陸軍も、ヨーロッパの戦争にまで参加するほど無節操ではなかったのである。これによって日本が考える三国同盟も、どこまでが日本の行動範囲かおよそ明らかになった。

三国同盟交渉から撤退

このときを境に、政府は三国交渉から撤退を考えるようになり、統帥部を協議の場に引き込み、政府に責任が集中しないようにはかった。政府のいい分は、日独の同盟締結への動きにより、接近中であった英ソ両国を離間させる効果があったというものであった。英政府内でも、日本を圧迫すれば独伊陣営に走る危険があるので従来の政策を見直すべきであるという意見があり、表裏をなすものとして興味深い。三国同盟が対英牽制になる効果が大きいとしても、不用意に締結をすればヨーロッパの戦争に巻き込まれる危険性が大きく、政府は交渉を打ち切ることにした。日露戦争期の日英同盟のような利点が、この時期の三国同盟案にはなかったのである。

独ソ不可侵条約

昭和十四年八月二十日、ノモンハンで第二十三師団がソ蒙軍のために壊滅的損害を受け、日独接近が対ソ牽制にならないことが証明された。直後の二十三日、独ソ両国は不可侵条約を締結、二十八日、平沼内閣はヨーロッパ情勢は複雑怪奇と声明して総辞職した。二日後の三十日には山本も海軍省を去り、連合艦隊司令長官に転出した。命の危険があったために海上勤務に出たといわれるが、根拠がない。

日独伊三国同盟の成立

三国同盟問題は、平沼騏一郎《きいちろう》内閣に代わっても、イタリアの加入、対英仏問題をめぐって進展がなかった。八月三十日に阿部信行内閣が成立し、翌十五年一月十六日には米内内閣に代わったが、同盟問題は同じところをぐるぐると回っているだけだった。ところが七月二十二日に第二次近衛内閣の成立する頃になると、ヨーロッパ戦線や中国大陸の情勢の進展に伴い、日独伊三国同盟は急転直下のごとく九月二十七日に成立する。

山本の関与

平沼内閣の崩壊直後に海軍省から連合艦隊に転出した山本が、三国同盟問題にかかわったのは平沼内閣時代までの約二年間で、阿部内閣、米内内閣、第二次近衛内閣時代の

生命の危険

朝日新聞

日獨伊三國同盟成る

ベルリンで調印を完了

畏くも大詔渙發さる

詔書

政治經濟軍事互助 有効期間十ヶ年

内閣告諭

外交轉換

世界新

對ソ外交

日独伊三国同盟の締結（『朝日新聞』昭和15年９月28日）

一年間の交渉にはまったく関与していない。山本が海軍側の中で重要な役割を果たしたことは否定できないが、三年間にわたる交渉の過程で、海軍の反対のために進展しなかったこと、また山本らが体を張って反対したことが成立を遅らせる大きな力になったというのは、海軍及び山本・米内の持ち上げすぎである。

　山本が海軍次官をつとめた間、彼が三国同盟交渉に反対したにしても生命を狙われるほど、まだ問題は先鋭化していなかった。山本の伝記作家である反町栄一が、ある新聞記者の話として、「日独伊三国同盟で、平沼内閣が七十何回も閣議を開いた当時、反対の根源が山本次官だというので生命の危険が伝えられた」(反町『人間　山本五十六』下巻一一七頁)と述べているが、平沼の頃は、まだ三国同盟問題は締結に向けて秒読み段階に入っていたわけではなく、自動参戦問題等の案件について意見が分かれ、意外にも陸軍が慎重であったため七十数回もの議論を重ねる必要があった。まとまらないのは山本が元凶で、命を狙われる危険があったという話もにわかに信じがたい。

第二次大戦勃発

交渉の途中の昭和十四年九月一日、独ソ軍のポーランド侵攻が直接の原因となって第二次大戦がはじまったが、しかしそれから奇妙な静寂が八ヵ月間も続いた。十五年五月、沈黙を続けていたドイツ軍が突如ネーデルランドに進攻し、ようやく戦争が本格化した。東南アジアに植民地を有するオランダ、フランスが相ついで敗れ、イギリスの降伏も必至と見た日本の政府、陸海軍の中に二つの反応が出た。一つ目は仏蘭等植民地宗主国の敗北は植民地奪取の千載一遇の好機ではないか、二つ目はヨーロッパで勝利したドイツが仏蘭等植民地は自分のものだと主張し、日本の南進策の障碍《しょうがい》になるのではないか、

同盟交渉への影響

というものであった。前者は松岡洋右《ようすけ》外相、陸軍省・参謀本部のほか、中原義正・石川信吾・阿部勝雄らの海軍中堅幹部の主張で、後者は海相吉田善吾《ぜんご》を中心とする海軍の上層部の懸念であった。とくに吉田海相は、対米依存の日本経済の構造を指摘して対米戦

不可を断じ、ドイツの勝利は一時的であるかもしれず、軽々な便乗を厳しく批判した。

海相吉田善吾の奮闘

しかし吉田をかばう米内光政首相が、沢田茂・阿南惟幾《あなみこれちか》・武藤章《あきら》ら陸軍一派の謀略で打倒され、昭和十五年七月、第二次近衛文麿《ふみまろ》内閣が成立すると、三国同盟締結に向けた動きが加速した。それでも吉田はひとりになっても孤軍奮闘し、参謀本部が『機密戦争日誌』に「対独交渉進マズ、海軍大臣ニテ研究中ナリト、嗚呼」と書かざるをえなかったほど、粘り続けた。しかし精神的プレッシャーのために極度の神経衰弱に陥った吉田は、とうとう同盟締結を受け入れた。これについて寺崎英成の『昭和天皇独白録』は、「吉田善吾が松岡の日独同盟論に賛成したのはだまされたと云っては語弊があるが、まあだまされたのである」（五〇頁）とし、松岡のドイツ系米人がアメリカの参戦を食い止めるという説明に折れた結果だと述べている。吉田は九月五日に辞任し、及川古志郎《おいかわこしろう》に代わった。

吉田の評価

吉田の三国同盟反対論は、第一次交渉に抵抗した山本や米内に比べてずっと激しいものであった。ところが戦後の所作によって、吉田の反対活動が山本、米内、井上らが強く反対した話にすり替えられたとしか思えてならない。損な役回りをした吉田は自殺未遂までし、文字通り命をかけて三国同盟に反対したにもかかわらず、歴史上、注目されないまま今日に至っている。

二　連合艦隊司令長官

兵学校三十二期のその後

山本が連合艦隊司令長官兼第一艦隊司令長官に補せられたのは、昭和十四年八月三十日である。八年に連合艦隊が常設になるまで第一艦隊司令長官兼連合艦隊司令長官であったのが、これ以降は逆転することになった。前任者は兵学校同期の吉田善吾であった。同期から二人も連合艦隊司令長官を出すのは珍しい。この期はさらに、吉田及び嶋田繁太郎という二人の海軍大臣も出している。同期で兵学校以来常に一、二を走っていたのは、前述のように堀と塩沢幸一である。少将、中将に進級するのも、二人は山本や吉田よりも常に一年早かった。人事は水物で、わずかなミスや幾分か評判を落とす行為で順序が変わることも珍しくない。前述のように堀は条約締結推進派の中心人物の一人として早期に予備役に回され、塩沢は第一遣外艦隊司令長官として第一次上海事変の指揮に当たり、作戦、陸海軍協調、外交等の調整に苦心したが、それが評価されず、海軍大臣や軍令部総長への昇進が止まった。山本、吉田、嶋田は幾つかの幸運に恵まれ、堀と塩沢という秀才中の秀才を追い越して人事の勝者になった。

連合艦隊司令長官就任の事情

九月一日、山本は和歌山県和歌浦《わかのうら》に碇泊する旗艦「長門《ながと》」に着任した。米内の後任海相が吉田と聞いて、それならもっと次官を続けたいと米内に頼んだが、米内は山本の身の危険を心配して海上に転出させたというのが広く流布された伝聞である。前述したように、三国同盟問題が対立を先鋭化させたのは山本が海軍省を去ったあとであり、残っていれば山本に危険が迫る可能性は十分あった。反町栄一は米内から聞いた、「(有名な占者が)その後またやってきて、君の顔に死相が現われている。気をつけなければいけない、と云っていた。妙な話だが、どうもそのままの言葉が頭に引掛ってね。まあ、暫らく安全な海上暮しをするさ」(反町前掲書一三〇頁)という信じがたい回想を紹介している。

旗艦「長門」

占い師の言動

皇族・華族の間に東京原宿飯沼辺りの占い師か祈

禱師が盛んに出入りしていた時代だから、軍の機関や軍人の間に出没してもおかしくない。皇族・華族間の婚姻や養子縁組みに占いが用いられ、占い師の言動が思わぬ結果をもたらすことも稀ではなかった。山本が危ないという占トの結果に心配した米内が、連合艦隊を盾にして山本を守ろうとしたのが連合艦隊司令長官転属の理由というのは、今日の常識からすればにわかに信じがたい。しかし天皇制の下では、大昔から占トは重要な意思決定手段であり、皇族・華族だけでなく、政治家・軍人の間にも入り込んでいた。

司令長官の任期

年号が大正から昭和に改まったときの連合艦隊司令長官は加藤寛治《ひろはる》で、それから谷口尚真、山本英輔《えいすけ》、小林躋造《せいぞう》、末次信正《すえつぐのぶまさ》、高橋三吉、米内光政、永野修身、吉田善吾と受け継がれ、山本に至っている。十四年間に九人の司令長官を出し、単純に計算すれば一人当たり一・五年の期間になる。平均任期の一・五年後は、山本にとって昭和十六年二月に当たり、司令長官職の離任後は予備役になったに違いない。たとえ任期が丸二年に延びても、山本は直接開戦を見なくてすんだはずである。ところが在任中に戦時態勢に移行し、平時の平均任期など簡単に無視されたのである。

膨張する連合艦隊

その間、連合艦隊は戦時態勢に移行したため、左図のように雪だるま式に膨張した。それだけでも山本にかかる責任は重くなる一方で、司令部の任務も急増した。

連合艦隊編成の推移

昭14・8
- **連合艦隊**
  - 第一艦隊
  - 第二艦隊

昭15・11
- **連合艦隊**
  - 第一艦隊
  - 第二艦隊
  - 第四艦隊
  - 第六艦隊

昭16・9
- **連合艦隊**
  - 第一艦隊
  - 第二艦隊
  - 第三艦隊
  - 第四艦隊
  - 第五艦隊
  - 第六艦隊
  - 第一航空艦隊
  - 第十一航空艦隊
  - 南遣艦隊

昭17・1
- **連合艦隊**
  - 第一艦隊
  - 第二艦隊
  - 第三艦隊
  - 第四艦隊
  - 第五艦隊
  - 第六艦隊
  - 南西方面艦隊
    - 第一南遣艦隊
    - 第二南遣艦隊
    - 第三南遣艦隊
  - 南東方面艦隊
    - 第八艦隊
    - 第十一航空艦隊

(海軍歴史保存会編『日本海軍史』第七巻32－4頁)

山本の在職中の昭和十八年一月にも大がかりな改編があったが、ミッドウェー海戦、三次にわたるソロモン海戦によって多くの艦艇を喪失したあとの改編であり、実質的兵力は減少したと思われるので省略した。山本が長官であった時期は、戦争準備期から太平洋戦争期への移行期であったため、連合艦隊の組織が平時から戦時へ、作戦計画に対応する艦隊へと劇的に変貌した。対米戦の可能性が強まるのは十六年夏頃からだが、大急ぎで現地の地図や地誌、海図が収集され、艦艇の手入れと砲弾・魚雷等の積み込みがはじまった。

連合艦隊編成の理由

ところで「連合艦隊」がなぜ必要なのか、なぜ編成しなければならないのか、その理由について確たる説明を聞いたことがない。連合艦隊が編成されたのは日清戦争からだが、戦闘海域が渤海湾《ぼっかい》周辺に限られ、清国北洋艦隊に当たるには、持てる戦力を一元化した方が有利との判断から編成された。日露戦争の戦闘海域も東シナ海と日本海に限られ、ロシア極東艦隊と戦うには戦力を一元化した方がよいという明らかな理由があった。

しかし太平洋戦争の場合、地球の数分の一という広大な海域が戦場であり、指揮系統を一元化する必要はあるにしても、戦力まで一元化する理由が見出せない。航空機が重要な戦力になり、戦法も大きく変えねばならない事情も加わった。全海軍戦力の優に八割以上を隷下に収める連合艦隊は海軍そのものであり、司令長官の権限を他者と比較するのはむずかしいが、海軍大臣や軍令部（総）長に劣らなかった。

司令長官の任務

巨大な戦力を隷下に置き、広大な太平洋の戦場を担当する連合艦隊司令長官となると、全世界の情報入手、太平洋全域の敵味方配置状況の探知、世界的規模の戦略構築、中央の政策との整合が必要になり、それから緊要の作戦計画策定、作戦部隊の編成、作戦指導の順序を定め、諸懸案を交通整理しながら実施していかねばならない。

組織改編の機会

日露戦争における連合艦隊司令部のイメージがあまりに強烈であったためか、その後、艦隊の行動範囲が遙かに広がり、航空機や潜水艦が登場し、通信能力が高まる趨勢の中でも、司令部の組織、権限、機能等に検討を加えようとした司令長官や軍令部長はいなかった。昭和八年に連合艦隊が常設された時点、十一年に航空母艦と航空戦隊が連合艦隊の指揮下に入った時点、さもなくば十五年に四個艦隊を隷下に置いた時点が、従来の二個艦隊指揮の司令部とは異なる新しい機能、性格を持つ組織に変える好機であったが、何の動きもなかった。日本海海戦を模範とする艦隊決戦主義が不変であったといわれるように、これを実施する連合艦隊、指揮する司令部の任務も、日露戦争以来、不変であった。山本も司令長官に就任するとともに、旗艦に乗艦する慣行を変えようとしなかったし、司令部の在り方、連合艦隊の組織を見直そうという考えを示したこともなかった。

しかしこうした伝統にこだわるべきでないと考える海軍軍人もいた。第十一航空戦隊司令や第十航空艦隊参謀長等を歴任した山本親雄《ちかお》少将は、「艦隊司令長官は、いつも旗艦に座乗して陣頭に立つというのが伝統であったが、今度の戦争のような大規模な戦いでは、もはやこのやり方は通用しなかった」という所感を述べたあと、

山本親雄の意見

戦いは広大な戦域にわたって、空中に、海上に、また水中に絶え間なく進行しているため、最高指揮官は一部隊、一局部の戦闘に没頭しているわけにはいかない。そのうえ人員、兵器の補充や整備などについては、つねに中央当局と密接な連絡がなければ作戦の計画がなり立たない。また最高指揮官が旗艦に乗っていては、旗艦が発信する無線電信の発信量や発信状況の変化によって、敵にわが方の企図や動静を察知せられるおそれも大きくなる。

（山本親雄『大本営海軍部』一八九頁）

と、戦争の質、規模がこれまでとは大きく変わり、司令部は中央とも部隊とも頻繁に連絡を取り合いながら戦いを進めなければならなくなった。だが艦上に司令部を置く限り、旗艦の通信能力に大きく拘束されざるをえないというのである。

山本の指揮官論

山本の長官就任から二年の間に、連合艦隊はそれぞれ異なる多数の部隊を抱え、任務及び担当範囲が拡大したため、司令部が果たす役割が急速に大きくなった。そのため司令部の位置付け、機構、機能を見直し、新しい変化に対応する体制を創造する段階にきていた。しかし山本は、昭和十五年四月に全国地方長官会議に出席したお歴々を旗艦「長門」に案内した際、「一旦緩急あるときは常に最前線に立って全艦隊を指揮する」と語ったところ、それでは長官が危ないではないかと問い返された（反町前掲書一六二―三頁）。これに対して山本は次のような指揮官論で応じている。

これは何も私の考えたことではない。二十七八年の役の黄海《こうかい》海戦以来、長い間海軍の伝統なのだ。東郷元帥も軍艦三笠《みかさ》の艦橋に立って戦われた。指揮官が先頭に立たなければ、海戦は出来るものではない。

（反町前掲書一六三頁）

伝統墨守の姿勢

連合艦隊の担当範囲が西太平洋全域に広がり、旗艦から三〇〇〇キロ、四〇〇〇キロ以上も離れた海域で戦闘が起こりうる状況の中で、山本が旗艦の艦橋に立っていたところでどうなるものではない。航空機の開発、航空隊の育成には辣腕《らつわん》をふるったといわれる山本だが、連合艦隊司令部と指揮官の在り方については伝統墨守で、少しも近代性を見せていない。

参謀の増員

山本が手をつけたのは、司令部の陣容すなわち参謀の員数を増やし、事務処理能力を強化することであった。昭和十四年八月に着任したとき、参謀は先任、砲術、水雷、航海、通信、航空（甲、乙）、機関の八人であったが、十一月に戦務を追加し、九人になった。太平洋戦争開戦直前に作戦、渉外、補給を追加する代わりに、砲術と航空乙が欠員となり、一〇人になった（秦郁彦「山本五十六とその幕僚」、『山本五十六のすべて』所収一〇〇頁）。司令部には、このほかに主計長、軍医長、暗号長、気象長、楽長等の士官、長官・参謀らの身の回りを世話する下士官兵がいた。

海軍の人事

着任して間もなく先任参謀が黒島亀人《かめと》、ついで参謀長が高橋伊望《いぼう》から福留《ふくとめ》繁《しげる》に代わった。一般にこれで司令部が山本色に塗り替えられたといわれる。そういうと開戦を目途したシフトと受け取られやすい。黒島は山本が懇請して山本戦死後まで司令部にいたが、司令部の中心である参謀長の福留が昭和十六年四月には軍令部第一部長に転出しており、山本色などという色などなかった。山本がこだわったのは黒島と途中で砲術参謀になる渡辺安次くらいで、ほかには強く引っ張ったとか、転出を断った参謀はいなかった。つまり自分の方から特定の名前を出してもらうようなことはせず、いただける人材をありがたくもらう姿勢であった。海軍の人事は、戦時も平時と同様に異動の時期がくればどんどん回った。成績が同じであれば誰を回しても同じであるという前提に立っているが、この前提は戦場では通用しなかった。

黒島亀人

山本が珍しくこだわった黒島は、「変人参謀」「奇人参謀」と陰口をたたかれるほど風変わりな人物であった。夏はユカタ、冬はドテラを着込んで下着はめったに取り替えない。舷窓を閉め切った自室に一日中閉じこもり、くわえ煙草の煙の中で瞑想する姿は、インド独立の父ガンジーを彷彿とさせた（秦前掲書一〇三頁）。礼儀、服装、身なり、時間にとくにうるさい海軍兵学校を、どうして彼が卒業できたのか理解できない。兵学校の成績も海軍大学校の成績も平凡で、当然、出世コースとは縁遠かった。連合艦隊司令部のキーパーソンである先任参謀につくキャリアではなく、山本がとくに目をつけて抜擢した人物であった。

黒島の独創力

山本が黒島を買ったわけは、思いもつかぬ発想をしてくれることにあった。山本は常々、アメリカといくさをやるには、誰でも思いつくような作戦ではだめだと言っていたが、誰でも思いつかない作戦を言い出すのが黒島であった。兵学校や海大を優秀な成績で卒業した者ほど創造力に欠ける傾向があったのに対して、黒島は既存の教えに囚れなかった。世間には黒島程度の発想力を持った人物は珍しくなかったが、海軍という閉鎖社会では、黒島の独創力は非常に珍しかった。誰も思いつかない案とは、味方の中で予想外であると同時に、相手側から見ても予想外でなくてはならない。ところが日本が相手にしようとするアメリカは、独創力、発想力をとくに重視する社会で、それだけでアメリカンドリームを達成した例は数知れなかった。最初の真珠湾《しんじゅわん》奇襲こそ成功したものの、その後の黒島のアイデアの多くは米軍に読まれ、高い情報収集力と相まって作戦の失敗が相ついだ。

日独共通の利害

前述のように山本が海軍次官であった頃の三国同盟問題は、英仏と敵対するイタリアを含めるか否かで紛糾し、締結の糸口が見つからなかった。日本陸軍は意外なほど同盟に慎重で、むしろドイツ側が締結を急いだ。昭和十五年五月、独軍がネーデルランドになだれ込み、さらにフランスの国境を越えて進攻、六月にパリに無血入城した。間もなく独仏休戦協定が結ばれ、フランスは第二次世界大戦の交戦国から脱落した。この勢いで英本土に上陸すべく、独空軍が猛爆を開始し、イギリスの陥落も時間の問題と見られた。最早イギリスも脅威にならないと認識され、残るはソ連を枢軸側に引き入れながら、アメリカを封ずることであり、日独の利害に共通基盤ができてきた。しかし東南アジアの英蘭植民地に対して、ドイツが権益継承を主張する事態が懸念される状況にもなってきた。これに焦慮したのは陸軍でなく海軍で、そのためドイツに日本の優先権を認めさせるために、陸軍に同調して同盟締結を急ぐ海軍軍人が少なくなかった。

北部仏印に進駐

九月二十二日、陸軍は北部仏印すなわちベトナム北部に進駐した。前述のように援蔣ルート遮断作戦の過程で、陸軍は南進策にも加わる地歩を得た。海軍にすれば、担当地域の中に独断専行を得意とする陸軍が居座り、いつまた独走をはじめるかわからない爆弾をかかえることになった。九月五日に吉田海相が病気で倒れ、代わって及川古志郎が海相となった直後の六日、危惧した通り陸軍第五師団の一部が仏印国境に対し独断越境を行ない、この日に予定されていた現地仏軍司令官との軍事細目協定調印が延期された。二十二日にようやく細目協定が調印され、これに基づき日本軍が仏印に入ったのは翌日の二十三日であった。

アメリカの反発

仏領インドシナのゴム園や鉄の鉱山に投資された多くは、フランスに対して膨大な債権を保有する米資本であった。第一次世界大戦後の自動車、飛行機、電話等の普及によって、自動車を走らす石油、タイヤ原料のゴム、罐詰のブリキ缶や通信機器のハンダ付等に使われる錫《すず》、飛行機の機体に使われるアルミニウムの原料であるボーキサイト等の需要が急増した。有望な投資先を探していた米資本が、これらの資源が豊富なベトナムばかりでなく、英植民地のマレー半島、オランダ植民地のインドネシアにどっと流入した。北部仏印に進駐し、東南アジア地域への進出をうかがう日本に対する反発が、フランスよりもアメリカから強く出てくる背景を、日本政府や陸軍は正しく認識していなかった。アメリカの経済的締め付けは昭和十四年七月の日米通商航海条約の破棄通告頃から徐々に強まっていたが、この影響が必ず軍事面に及んでくる事態を、陸軍はそれほど深刻に受け止めてはいなかった。

零戦の採用

昭和十五年二月九日、山本は連合艦隊の主力を従えて大阪湾に入港した。目的は皇紀二千六百年を祝して橿原《かしはら》神宮に参拝することであった。あとから振り返ると、この年は太平洋戦争開戦の秒読み開始の零年にも当たった。七月二十二日に第二次近衛内閣が成立、二日後に太平洋戦争前半の主役になる零式艦上戦闘機が制式採用された。だが二日後の二十六日、米政府は航空用揮発油の輸出を許可制とし、さらに三十一日には航空用ガソリンの輸出を禁止した。中国戦線に投入された零戦は、素晴らしい能力を発揮して見せたが、アメリカからの輸入に頼っている航空用ガソリン、航空用オイルがこのまま入手できなければ、早晩、実戦での活動ができない日がやってくる。

三国同盟への海軍の態度

御前会議での発言

北部仏印進駐と時を同じくして、三年越しの三国同盟締結交渉も最終の段階を迎えた。交渉の初期はソ連を第三国としていたが、前述のようにヨーロッパ戦線の進展がアメリカを第三国とするに至って日独の懸隔が縮まり、調印一歩手前まで漕ぎ着けたのである。九月十五日夕刻、及川海相は軍令部総長伏見宮博恭王、軍事参議官、艦隊司令長官、鎮守府司令長官等の海軍首脳を召集し、三国同盟に対する海軍の態度を再確認するための意見聴取を行なった。これは表向きのことで、すでに三国同盟に反対でなかった伏見宮と及川の間で承認の線でまとめることが決まっていたといわれる。

零式艦上戦闘機

十九日の御前会議で同盟締結が了承されたが、軍令部総長伏見宮が同盟の危険性を指摘し（ゲルハルト・クレーブス前掲書一五一―二頁）、出席者を驚かせた。というのは会議がはじまる前から伏見宮は、もう反対しても仕方がないと会議開催が無駄である旨の発言をしていたからである。及川主催の会議で、伏見宮のあとに意見を述べたのは軍事参議官大角岑生《おおすみみねお》と山本だけであった。大角人事で山本の盟友堀悌吉らを追い出した大角は、予想通り賛成意見であった。最後に立った山本は、同盟が成立すればアメリカと衝突の恐れが強まり、その場合、航空兵力が不足しており、非常な努力をしなければならないと論じた（戦史叢書「大本営海軍部・連合艦隊〈1〉」四五九頁）。同盟反対を直接主張したわけではない。同盟が成立すれば対米戦が起きる可能性があるが、それをやるだけの戦力はないと出席者に再考を求めたのである。反町の『人間　山本五十六』下巻にも同じ話が出てくるが、それによれば会議を終えて瀬戸内海の旗艦に帰った際に、この話をしたことになっている（一六六頁）。

近衛文麿との面談

会議に出席した折、山本は新首相近衛の強い要望で、東京荻窪にある荻外荘に近衛を訪ねた。近衛の目的は、連合艦隊司令長官山本の口から、日米戦になった場合の見通しについて直接聞くことだった。質問を受けた山本が、

それは是非やれと云われれば初め半年や一年の間は、ずいぶん暴れて御覧に入れる。然しながら二年三年となれば全く確信は持てぬ。三国条約が出来たのは致し方がないが、かくなりましては日米戦争を回避するように極力御努力願いたい。

と語ったと、『近衛文麿手記』が伝えている。戦後、海軍関係者の間に広まった話は、「一年や一年半暴れてみせます」と語ったというのが最も多く、少数だが「一年半や二年」という伝聞もある。もとより話の流れ、その場の雰囲気で変わりやすい数字なので、しっかりした合理的根拠があったとは思えない。

山本の本心は戦争回避

山本が求めているのは、半年か一年しか戦える自信がないから、この間だけの日米戦争に限定してほしいという意味でなく、はじめから日米戦争を回避してほしいという要請である。山本が予想したように、日本海軍が攻勢的作戦を展開したのは、昭和十六年十二月の真珠湾攻撃から十七年十一月の第三次ソロモン海戦までの十一ヵ月間で、そのあとは基地航空隊に主役の座を譲り、主力艦は安全地域に引いてしまっている。こうなることがわかっているから、アメリカと戦争したくないというのが山本の本心であった。軍人の習性として、半年、一年ぐらい暴れてみせると強がりを言ってしまうが、本心は別であることを近衛が察してやる必要があった。その後の歴史は、

近衛文麿

半年、一年もできるのであれば、その間だけでもやろうという無責任な方向に行ってしまったのである。

国民生活の実態

右の話に続いて山本は、「我連合艦隊は数ヶ月の猛訓練を終り部下の将兵は休暇を得て上陸し、その家庭に帰りましたが、食物の不足なのには一驚しました」と、一般家庭の実情を近衛に説明した。軍隊は国民を守るために存在するのであり、戦争するためにあるのではない。国民がこういう状況に置かれているとすれば、戦争どころではないでしょうと、近衛に訴えたかったのであろう。泥沼化した日中戦争のため、すでに国力が疲弊しつつあり、この上、新たな戦争など及びもつかないことを、暗に迫っているのである。

南進策の公認

三国同盟が調印される二ヵ月前の十五年七月二十七日、大本営政府連絡会議は「世界情勢の推移に伴ふ時局処理要綱」を決定し、その第三条において「対南方問題解決ノ為内外諸般ノ情勢之ヲ許ス限リ好機ヲ捕捉シ武力ヲ行使ス」と、武力行使を伴う南進策が容認された。日中戦争における広東攻略前後から陸軍が南進策にも関心を示す徴候が現れはじめていたが、ついにこれが公式の文書に盛り込まれたのである。この処理要綱の危険性は、第二条第一項の対アメリカ策に現れている。

米国ニ対シテハ公正ナル主張ト儼然タル態度ヲ持シ帝国ノ必要トスル施策遂行ニ伴フ已ムヲ得サル自然的悪化ハ敢テ之ヲ辞セサルモ……

対米強硬姿勢

日本が公正と信じてやることが、アメリカとの関係を悪化させるのだとしたら仕方がないとする強硬姿勢である。「公正ナル主張」は自国を基準にしての公正だから、最初から衝突を承知の上で行動する意味にも解釈できる。明治以来、産業発展の立ち遅れた日本は、農家の養蚕業で生み出された生糸をアメリカやヨーロッパ諸国に輸出し、その代金で工業製品、軍需品を購入して富国強兵をはかってきたが、主要貿易国は一貫してアメリカであった。戦艦「大和」を建造し、零戦が登場するときになっても、アメリカへの輸出品は生糸が断然多かった（上山和雄『北米における総合商社の活動』二九五―七頁）。アメリカから経済制裁を受ければ、たちどころに日本の産業も軍事も行き詰まることは明らかであった。それにもかかわらずアメリカと事を構えても致し方ないというのは、感情に流されやすい個人ならばともかく、政府・国家がとるべき態度であろうか。

三国同盟の実効性

三国同盟は軍事同盟であるがゆえに、一国が第三国より攻撃された場合、他の二国はあらゆる政治的・経済的・軍事的方法により相互に援助することが約束されている。こうした相互援助には、三国を結ぶ交通線（船でも鉄道でも構わない）が確保されていることが不可欠だが、地理上の日独の間にはイギリスの勢力圏が随所にあり、七〇〇〇キロ、八〇〇〇キロも離れた間を結ぶ交通線などあろうはずがなかった。つまり相互援助は、軍人が陥りがちな観念の産物、机上の空論にすぎず、三国同盟は絵に描いた餅であり、実効性はほとんどなかった。同盟の締結を熱心に進めた陸軍軍人や海軍軍人たちは、思い込みの空想世界と現実とを区別ができず、三国間の距離を無視した。

教育訓練計画

連合艦隊は例年十二月一日に編制替えを行ない、教育訓練計画に基づき訓練を行なうのが恒例になっており、昭和十四年度は前任者の吉田善吾の計画に従って行なわれた。山本が立てる教育訓練計画は十五年度からで、ここではじめて自己の思想を反映させた計画を隷下艦隊に実施させることができる。十五年度計画の特徴は三つあり、一つは航空戦重視、二つ目は局地戦、三つ目は上陸作戦を重視したことである（戦史叢書『海軍航空概史』一四一頁）。山本が航空戦を重視するのは今にはじまったことではないが、前年に零戦が登場し、戦闘機隊の用法が一層積極的になったことと関連すると思われる。連合艦隊司令長官及び同司令部に対する山本のイメージは、日本海海戦の際の東郷と参謀たちの姿そのものであったが、一方で航空戦力の拡充に伴い、敵航空兵力の先制撃破、航空戦の指揮統制、艦隊防空といった新しい課題に積極的に取り組む姿勢を明らかにしている。

邀撃決戦

邀撃決戦は、日本海海戦をモデルとして対米戦に備えて長年にわたって研究し訓練を重ねてきたものである。困ったことに、これ以外の作戦方針を持たなかったために、歴代の司令長官には、ほかの選択肢に挑戦する機会が一度もめぐってこなかった。ワシントン軍縮によって主力艦保有量が劣勢になり、これを補うために大正十二年の改定「用兵綱領」で漸減《ぜんげん》作戦が導入され、邀撃作戦に加味された。漸減作戦は、来攻する敵艦隊に途中で何度も攻撃を加え、味方主力艦隊との決戦のときまでに敵勢力を漸減させ、決戦を有利にするのが目的である。新兵器である潜水艦、航空機もこの作戦論の中で優遇され、欧米とは異なるユニークな発達を遂げた。

二つの狙い

山本の教育訓練計画は、邀撃作戦と漸減作戦の継承であった。ただし邀撃決戦線を大幅に前進させた点に従来との相違があり、これには二つの狙いがあった。一つは、強大なアメリカを相手にする場合、積極的に前進して本土からできる限り離れた前線で戦い、彼らの矛先が本土に達するのを少しでも遅らせることであり、もう一つは漸減作戦を早く、かつ遠くから開始しないと、強大な米艦隊を決戦で倒すのがむずかしくなることであった。ワシントン軍縮条約が締結された際、東郷が訓練には軍縮がないと語ったことが起源となり、〝月月火水木金金〟という休養日のない猛訓練が海軍の名物になったが、山本もこの伝統を守った。とくに航空母艦の航空部隊に課された訓練は激しく、事故が絶えなかった。邀撃作戦と漸減作戦の枠組みを変えることなく、空母部隊に攻撃の先陣を切らせようというのが山本の方針であった。

第五　太平洋戦争

一　日米開戦と真珠湾奇襲作戦

「用兵綱領」

昭和十一年六月三日に裁可された第三次改定の「用兵綱領」によれば、対米戦を以下のように遂行することが定められている。

米国ヲ敵トスル場合ニ於ケル作戦ハ左ノ要領ニ従フ　東洋ニ在ル敵ヲ撃破シ其ノ活動の根拠ヲ覆滅シ　且本国ヨリ来航スル敵艦隊ノ主力ヲ撃滅スルヲ以テ初期ノ目的トス

之カ為海軍ハ作戦初頭速ニ東洋ニ在ル敵艦隊ヲ撃滅シテ東洋方面ヲ制圧スルト共ニ陸軍ト協同シテ呂宋《ルソン》島及其ノ付近ノ要地並瓦無《グアム》島ニ在ル敵ノ海軍根拠地ヲ攻略シ敵艦隊ノ主力東洋方面ニ来航スルニ及ヒ機ヲ見テ之ヲ撃滅ス

対米作戦の構想

と、東洋所在の米艦隊を撃破し、さらに陸軍と協力してフィリピン・ルソン島とグアム島を攻略、その後、来航する敵主力艦隊を撃滅して勝利を固める、この筋書きにはほとんど手を加えないまま、太平洋戦争に至っている。

日本軍が、破竹の勢いで連合軍を追って占領地を拡大していた昭和十七年四月十六日に裁可された「大東亜戦争第二段作戦　帝国海軍作戦計画」には、第二段における作戦方針が詳細にまとめられており、対米戦については第八項で取り上げられ、「米国ニ対シテハ其ノ太平洋方面作戦基地ニ対シ随時奇襲破壊又ハ攻略作戦ヲ実施シ」と、昭和十六年十一月五日の「対米英蘭帝国海軍作戦計画」が定める第二段作戦を踏襲している。しかし若干異なるのは、右に続けて、

敵海上兵力及航空兵力ノ減殺ニ務メ、印度洋方面作戦及対濠洲作戦概成後、米（英ノ連合兵力ヲ含ム）主力艦隊ヲ索メテ決戦ヲ強要シ之ヲ撃滅ス

と、海軍が研究してきた漸減作戦によって米艦隊を減勢し、あくまで「艦隊決戦」による方針に変わりがないものの、従来の来航を待つ姿勢から「主力艦隊ヲ索メテ」とあるように積極攻勢に転じていることである。海軍は、日露戦争以後、対米戦を漸減作戦と艦隊決戦によって決着させるとする作戦方針を固めてきた。対米戦が現実化する昭和十年代においても、この戦策を金科玉条のごとく信奉していたが、連戦の勝利で攻勢の姿

艦隊決戦へのこだわり

勢を強めるようになったのである。

独善的な対米戦計画

モルトケが敵のとる方策には三つあり、実際には想定外の第四の方策が選ばれるとして、相手の動きを読むのがいかにむずかしいかを諭している。海軍の対米戦作戦計画が危険なのは、相手には少なくとも三つの選択肢があり、さらに第四の選択肢があるにもかかわらず、対米戦研究では、一貫して米海軍の選択肢を一つだけに絞り込んできたことである。これほど自分に都合よく、世の常識を無視した作戦方針はない。つまり現実にはありえない独善的前提に立った作戦計画であった。ほとんど起こりえないたった一つの作戦計画のために、海軍は膨大な予算を投入し、大艦巨砲を整備し、射程の長い魚雷及び航続距離の長い飛行機を開発し、決戦の演練を重ねてきたが、要路の海軍軍人がこの危うさを指摘することが少なかった。対米戦がいよいよ空想でなく、現実味を帯びはじめた日中戦争勃発後に至っても、思考を停止したも同然の海軍は、米海軍のとりうる選択肢が幾つもあるという当たり前の視点に立って対米戦を考えようともしなかった。

「海戦要務令」

海軍軍人があたかもバイブルのごとく神聖視した「海戦要務令」は、明治四十三年に改正版が刊行された。いうまでもなく日本海海戦の戦訓に倣い、艦隊決戦における各部隊の任務を明らかにしているが、飛行機や潜水艦が戦力化されていない時代の作戦規範である。主力艦による艦隊決戦をあたかも朱子学の絶対的宇宙真理とでも考えた海軍は、飛行機や潜水艦に主力艦の艦隊決戦を支援し協力する役割しか与えず、作戦の骨組みを少しも変えなかった。

技術進歩と逆行する軍事思想

兵学校五十八期卒業の千早正隆《ちはやまさたか》は、昭和になっても「海戦要務令」が最高機密指定の「軍機」扱いになっている滑稽さに呆れたと懐旧しているが（『世界の艦戦』№338所収「間違っていた日本海軍の戦略基盤」）、空母や潜水艦のない時代のたった一回の戦例を後生大事にしているのは異常である。艦隊決戦を絶対的兵理として信じて疑わない以上、日本海海戦から四十年近いのちにおいても、この海戦の勝利の戦訓を取り入れた「海戦要務令」は高い価値を持つとし、軍機として厳しい秘密扱いを続ける必要があった。海軍軍人は、技術と思想の進歩とが表裏一体の関係にあり、技術が進歩する一方で、思想が停止することはできないという当たり前のことがわからなかったらしい。技術の使い方は思想の発展によってのみ効果があるのであり、思想的発展が伴わなければ、技術の進歩は有名無実に等しい。この逆もまた同じ結果である。日進月歩の軍事技術の進歩と古色蒼然たる「海戦要務令」の軍事思想とが、矛盾なく整合することはありえなかった。

山本も艦隊決戦論者

対米戦に当たって、艦隊決戦という最後の大舞台を設けるために、どのような前哨戦や中間の戦闘を展開して米海軍を引き回せば、艦隊決戦に至るシナリオが描けるか、作戦計画の立案に携わる海軍参謀たちは常々呻吟していたに違いない。連合艦隊司令長官の山本にも、シナリオ通りに戦いが展開される条件づくり、環境づくりが期待された。

これまで述べたように山本は、強大なアメリカとは戦争できないとする所信を持っていが、艦隊決戦、邀撃作戦についてはどちらとも受け取れる曖昧な態度を示している。極端ないい方をすれば、艦隊決戦によって勝つ教育こそが海軍士官の教育目的であり、昭和時代に艦隊決戦を否定する現役士官を海軍の中から輩出しなかったのは当然といえば当然である。山本をして海軍航空発展の立役者で、飛行機の価値をいち早く見抜いた海軍軍人として評価するあまり、艦隊決戦に否定的であったと考えられがちだが、実際はそうではなかった。山本の性格は、海軍の体制や方針には一応従いつつ、そこに自分なりの独自色も打ち出すところに彼らしさがあり、決して革新的ではなかった。

海軍教育の忠実な教え子

山本が革新性に満ちた軍人でなかったことは、艦隊決戦で大勝利すれば、日露戦争のように講和の機会が訪れると海軍軍人が抱いていた極楽トンボに近い楽観論に、山本も近い考えを持っていたことでもわかる。真珠湾《しんじゅわん》奇襲作戦計画は、彼が海軍の方針だけに満足せず独自色を打ち出した一例だが、その根底には米海軍を撃破すれば早期和平が期待できるかもしれないという期待があった。この楽観的期待論は、山本が海軍きってのアメリカ通でありながら、海軍教育の忠実な教え子の一人として、その教えの枠を超えられなかったことを物語っている。

笹川良一宛の手紙

山本が海軍の中で異質の存在であったかどうかは、総力戦に対する彼の理解が海軍の一般的解釈と違っていたかどうかによって、ある程度推測できる。山本が国粋大衆党総裁の笹川良一《ささがわりよういち》宛に送った昭和十五年一月二十四日付の有名な手紙の一節に、

> 併し日米開戦に至らば己が目ざすところ素よりグアム菲律賓《フイリピン》にあらす、将又布哇《ハワイ》、桑港《サンフランシスコ》にあらす、実に華府《ワシントン》街頭白亜館《ホワイトハウス》の盟ならさるへからず、当路の為政家果たして此本腰の覚悟と自信ありや
>
> （堀悌吉『大分県先哲叢書』資料集第一巻）

為政家の覚悟

と、一度日米戦が始まれば、西太平洋で勝ったとて戦争は終わらない。ワシントンのホワイトハウスで講和を結ぶまで終わる方法は存在しない。「当路の為政家」たる国の指導者にそこまでやる覚悟があるのか聞きたい、というのである。総力戦はそれぞれの国民が力尽きるまで行なわれる戦いという性格から、結局相手の全領土、首都の制圧まで突き進む可能性大であった。日米戦をはじめる以上、ワシントンで城下の盟約を結ぶく

らいの覚悟がなければならない、といっているのである。山本にすれば、中央・国内には威勢のいい対米戦を口にする連中がいっぱいいるが、そんな覚悟を持ったやつはいないではないか、といいたいのである。山本のいう為政家というのは、近衛のような政治家や政権を操る陸軍軍人のことを指していると見られる。

総力戦への理解度

笹川宛の手紙で、山本が総力戦の性格について、その本質まで理解しているかの如くだが、実はそうではない。総力戦については、その重要な要素である兵員の総動員に強い関心を有する陸軍が熱心で、第一次世界大戦後、臨時軍事調査委員会や各委員から多数の提言が出された。しかし海軍も臨時海軍特別調査会を中心に、第一次大戦の調査・研究を行なったはずだが、陸軍ほど総動員に関心がなく、どちらかといえば、薄い方であった。とはいえ総動員の対象には資源や工業も含まれるため、陸軍との対抗上、海軍の取り分についてだけはしっかり主張する必要性を認めている。しかし海軍の総力戦観に物足りなさを感じるのは、平時に準備した軍艦で戦争を乗り切ると考える海軍の特質があり、陸軍ほど総動員に熱心でなかった印象をどうしても与えてしまう。

総力戦の性格

総力戦時代以前の日露戦争は、いわば政府間どうしの戦争であるため、一方の政府が戦いを止めると決心すれば和平への道が開けた。だが国民と国民の戦争になった総力戦を途中で止めるには、国民が戦争の停止のために政府を倒し新政権を樹立するか、全土に騒乱を起こし、戦争をできない事態にでもしない限り戦争停止はありえない。常識的には、どちらかの国民が力尽きるまで進むのが総力戦である（纐纈厚『総力戦体制研究—日本陸軍の国家総動員構想—』）。

和平仲介者の不在

総力戦を戦う国家は、国内の人員・資源を総動員し、それでも足りないときは海外の勢力圏から補うため、戦場外の諸国家、諸国民へも戦争の影響が伝播し、世界戦争へと発展した。戦争当事国は、外交、経済、宣伝等の手段を駆使して精神・宗教などの戦争への利用をはかったため、世界中の国がいずれかの戦争当事国に協力するという関係を不可避にした。そうなると総力戦においては、理屈上、世界が敵か味方かに分かれ、和平に必要な中立の仲介者が地球上に存在しなくなる。この点でも、局地戦であった日露戦争が列強の注視の下で行なわれ、途中でタオルを投げ込んでくれそうな国家があったのとは大違いであった。

山本の対米戦観

ワシントンで盟約を結ぶと言った山本だが、実は艦隊決戦に米海軍を引き込み、これに大勝すれば和平の機会があるとする日本海軍の考えと何ら変わらなかった。総力戦では、途中の和平が不可能であることを山本も理解していなかった。アメリカ通の山本は、アメリカの国力がどれほどのものか、軍事力がどれほどのものか、客観視して考えることができた。万一、アメリカと戦いになれば、尋常なやり方ではとても歯が立たず、モルトケのいう第四の作戦を見つけてアメリカを混乱させないと、わずかな勝機すらも見出せないと考えていた。

及川古志郎への意見書

山本は、昭和十六年一月七日付で海軍大臣及川《おいかわ》古《こ》志郎《しろう》に「戦備ニ関スル意見」を提出している。古志郎の名は、医師であった彼の父が新潟県古志郡に赴任、そこで生まれたことに因んでおり、山本とは同郷の仲ということができる。この第二項の訓練で、

従来訓練トシテ計画実行シツ、アル大部分ハ正常基本ノ事項即チ邀撃《ようげき》決戦ノ場合ヲ対象トスル各隊ノ任務ニ関スルモノナリ（中略）併シナガラ実際問題トシテ日米英開戦ノ場合ヲ考察スルニ全艦隊ヲ以テスル接敵、展開、砲魚雷戦、全軍突撃等ノ華々シキ場面ハ戦争ノ全期ヲ通ジ遂ニ実現ノ機会ヲ見ザル場合ヲモ生ズベク而モ他ニ大ニ演練スベクシテ平素等閑ニ附サレ勝ナル幾多

及川古志郎

ノ事項ニ対シ時局柄真剣ニ訓練ノ要アリト認ム

と、邀撃決戦ばかり訓練してきた海軍の方針に疑問を差し挟み、米英との戦いでは全艦隊で行なう艦隊決戦は起こらない可能性もあり、これまで顧みなかった戦法について訓練すべきであると、その必要性を喚起している。連合艦隊司令長官に赴任して一年四ヵ月、山本も艦隊決戦、邀撃決戦に疑問を感じはじめていた。これまで艦隊決戦一本槍でいく危険性について、海軍軍人が声に出し、文章にして中央を批判することはほとんどなかった。山本にしても及川との二人だけの間のこととして、艦隊決戦論偏重に対する懸念を明らかにしたにすぎない。

邀撃決戦への疑念

山本は及川に対するこの書簡の中で、従来の艦隊決戦論ではどうやってもアメリカに勝つことができない、誰も考えたこともない方法、つまり第四の方法で戦わなければ道は開けないとして、彼が温めてきた戦策を及川に披瀝したのである。第三項の「作戦方針」において

新たな戦策を披瀝

作戦方針ニ関スル従来ノ研究ハ是亦正常堂々タル邀撃大主作戦ヲ対象トスルモノナリ而シテ屢次《るじ》図演等ノ示ス結果ヲ観ルニ帝国海軍ハ未ダ一回ノ大勝ヲ得タルコトナク此ノ儘《まま》推移スレバ恐クヂリ貧ニ陥ルニアラズヤト懸念セラル、情勢ニテ演習中

止トナルヲ恒例トセリ

事前戦否ノ決ヲトランタメノ資料トシテハイザ知ラズ苟《いやしく》モ一旦開戦ト決シタル以上此ノ如キ経過ハ断ジテ之ヲ避ケザルベカラズ

と、アメリカと正攻法による戦いをしても、図上演習の結果のごとく日本海軍が勝った試しがなく、いやになっていつも途中で中止している。日米開戦となれば、こうした事態を絶対に避けなければならないとして、つぎに進む。

日米戦争ニ於テ我ノ第一ニ遂行セザルベカラザル要項ハ開戦劈頭《へきとう》ニ敵主力艦隊ヲ猛撃撃破シテ米国海軍及米国民ヲシテ救フ可カラザル程度ニ其ノ士気ヲ阻喪セシムコト是ナリ

開戦劈頭に撃破

と、開戦劈頭に米艦隊を撃破して、立ち直れないほどに士気を砕いてしまうという従来の邀撃艦隊決戦とは著しく異なる作戦を取るとしている。国民の士気を阻喪させる狙いは、第一次大戦末期のドイツ国内の厭戦空気の醸成か、あるいは日本海海戦後のロシア軍の士気喪失の何れかに似た状況にヒントを得ていたと推察される。国民の士気に着目している点で、山本の総力戦に対する認識はほかの海軍軍人とは若干の相違を示している。

アメリカの国民性

この項で山本は、真珠湾攻撃構想をはじめて明らかにする。これによって右引用の「開戦劈頭ニ敵主力艦隊ヲ猛撃撃破」が真珠湾攻撃を指すことがはっきりする。となると真珠湾攻撃は、米海軍や米国民の士気を徹底的に押しつぶすまでやらねばならないと、考えていたことになる。最後通牒の手交がワシントンの日本大使館の手違いで真珠湾攻撃後になり、ルーズベルト大統領によって、この手違いが米国民の士気高揚に利用されたことはあまりに有名な歴史的挿話だが、仮に最後通牒手交が真珠湾攻撃以前に行なわれていたとしても、程度の差こそあれ、「卑怯な奇襲」として米国民の士気高揚に利用されたに違いない。山本の意図していた攻撃がもっと凄かったにしても、アメリカ人の士気が挫けたとはとても思えない。他方のアメリカが、日本の最初の一撃を逆手にとって戦意・士気の高揚をはかったのはさすがである。ルーズベルトの方が山本より一枚上手であった。

着想の起源

反攻してくる米艦隊を西太平洋で殲滅《せんめつ》する海軍不動の戦策に代えて、開戦時に一気にやってしまうという着想の起源は、次の「開戦劈頭ニ於テ採ルベキ作戦計画」で明らかにされる。「我等ハ日露戦争ニ於テ幾多ノ教訓ヲ与ヘラレタリ其中開戦劈頭ニ於ケル教訓」として、開戦劈頭敵主力艦隊急襲の好機を得たること、開戦劈頭に於ける我水雷戦

戦史研究と戦略思想

隊の士気は必ずしも旺盛ならず其技倆は不充分なりしこと、閉塞作業の計画並びに実施は共に不徹底なりしこと、の三つを挙げ、

吾等ハ是等成功並ニ失敗ノ蹟《あと》ニ鑑ミ日米開戦ノ劈頭ニ於テハ極度ニ善処スルコトニ努メザル可カラズ而シテ勝敗ヲ第一日ニ於テ決スルノ覚悟アルヲ要ス

と結ぶ。海軍の艦隊決戦論は日露戦争の日本海海戦に典拠していることはあまりに明らかだが、山本の開戦劈頭攻撃論もやはり日露戦争に範を得ていたことがわかる。

戦争に際して、教訓はできる限り最近の戦例、つまり時間差の少ない戦例から抽出するのが鉄則である。しかし日本海軍は、最も近い第一次世界大戦の教訓を究明せず、日露戦争の教訓をあたかも絶対的公理のように扱ってきた。このため海軍では戦訓研究の発展が妨げられ、戦略戦術思想の探究が停止状態になった。海軍全体が日本海海戦の教訓に絶対的価値を認めていた中で、山本は開戦直後の旅順《りょじゅん》港口とロシア旅順艦隊に対する攻撃に関する教訓を重要視したが、日露戦争から教訓を得ようとするのは海軍一般と同じで、焦点の位置がわずかに違うにすぎない。ロシア帝室下のロシア国民と民主主義社会のアメリカ人との相違を区別しないまま、日露戦争の教訓をテコに、山本は開戦劈頭の攻撃が成功すれば士気を阻喪させられると考えていた。

真珠湾攻撃作戦案

そして山本は先の引用にあるように「勝敗ヲ第一日ニ於テ決スルノ覚悟アルヲ要ス」と前置きして、具体策を示した。

(一)敵主力ノ大部真珠港ニ在泊セル場合ニハ飛行機隊ヲ以テ之ヲ徹底的ニ撃破シ且同港ヲ閉塞ス。

(二)敵主力真珠港以外ニ在泊スルトキモ亦之ニ準ズ

これが真珠港(湾)攻撃作戦案が海軍中央に提起された最初である。「同港ヲ閉塞」は、作戦が日露戦争の旅順港口閉塞に着想を得ているためであろう。敵主力が真珠湾以外に在泊する場合も、同様に航空機で撃破するとし、この点だけは山本らしい。

作戦の投機性

何度図上演習をやっても艦隊決戦では勝てず、尋常な戦いでは米海軍に勝てないと悟った山本は、艦隊決戦にも等しい攻撃力を開戦時に米艦隊に浴びせ、緒戦で勝利をあげ、主導権を握れば何とかなるだろうと考えたのである。作戦が投機的とか、博打的とかいわれる所以でもある。山本は、昭和二年、ワシントンで開催された国際無線電信会議に帝国委員として参加し、帰朝後、水雷学校で講演しているが、ここで「対米戦開始の暁は、まず真珠湾を攻撃すべし。消極退嬰《たいえい》の戦法では、勝ち目はない」と論じ、聴衆をびっくりさせている(池田清『日本の海軍(下)』二七一頁)。ここでいう「消極退嬰の戦法」が艦隊決戦主義を指すことは疑いなく、思い切って発想の転換をはかり、緒戦《しょせん》で米海軍の要衝真珠湾を叩いてしまおうというのである。

早期艦隊決戦論

右に続く「作戦実施ノ要領」の（二）の（イ）に「第一、第二航空戦隊月明ノ夜又ハ黎明ヲ期シ全航空兵力ヲ以テ全滅ヲ期シ敵ヲ強（奇）襲ス」（傍線筆者）とあることから見て、艦隊決戦を前倒しして開戦時にやってしまう発想であると解釈できなくもない。「作戦方針」の（三）に「敵主力若シ早期ニ布哇ヲ出撃来攻スルガ如キ場合ニハ決戦部隊ヲ挙テ之ヲ邀撃シ一挙ニ之ヲ撃滅ス」（右同）とあるのも、早期に艦隊決戦をやってしまおうという意図を表したものと考えられる。

大胆な着想

山本自身も日露戦争の教訓に縛られた一人であったが、ほかの海軍軍人より融通性、柔軟性に富み、艦隊決戦が必要であるにしても、これを開戦劈頭に行うという海軍の中で誰も考えもしない大胆な発想をした。そして米海軍が撃破されれば、「菲島《ひとう》（筆者注、比島と同じ）以南ノ雑兵力ノ如キハ士気沮喪到底勇戦敢闘ニ堪ヘサル」ことになり、日本軍の南方攻略実行の条件が整うとする。もし「布哇攻撃ニ於ケル我損害ノ甚大ナルヲ慮リテ東方ニ対シ守勢ヲ採リ敵ノ来攻ヲ待ツガ如キコト」あれば、「敵ハ一挙ニ帝国本土ノ急襲ヲ行ヒ帝都其ノ他ノ大都市ヲ焼尽スルノ策ニ出デザルヲ保シ難ク」なるので、敵の出足を許すような戦いをすれば、一気に本土に攻め寄せる危険があるので、決して守勢に回ってはいけないという。強大なアメリカを敵に回す戦争においては、先手必勝策をとり、主導権を握ってどんどん攻め込む積極前進以外に勝ち目はないというのが山本が抱く戦法で（戦史叢書『海軍航空概史』一三七頁）、艦隊決戦主義に拘束されながらも、創造的精神を有していたことをうかがわせる。

先制攻撃の常態化を指向

この頃、山本が行なった訓示を軍令部《ぐんれいぶ》第一課員であった佐薙《さなぎ》毅《さだむ》が書き留めたメモに、

> 長期持久的守勢を採ることは連合艦隊司令長官としてはできぬ。海軍は一方に攻勢を採り敵に手痛い打撃を与うる要がある。敵の軍備力はわれわれの五ないし十倍である。これに対して、次々にたたいていかなければ、どうして長期戦ができようか。常に敵の痛いところに向かって猛烈な攻撃を加えねばならない。しからざれば不敗の態勢などは持つことはできない。
>
> （防研戦史室『戦史叢書　ハワイ作戦』朝雲新聞）

とあるように、山本の対米戦策をよく表し、開戦後半年間の攻勢はこの戦策と符合している。つまり山本の作戦指導は、日本軍が一たび休むとあのアメリカの圧倒的力にねじ伏せられてしまうため、つねに機先を制し、攻撃を加え続けて戦いの主導権を握り、そ

のためにどんどん前進していくというものであった。相撲で格下が強い相手に勝つには、徹底的に動き回ってリズムを狂わし、勝機を掴むのが上策とされるが、この意味で山本の策は常識的である。周囲では真珠湾攻撃を奇襲と呼んだが、山本の考えに従えば正統的作戦といえるであろう。

航空艦隊司令長官を希望

最後に山本は、

> 小官は本ハワイ作戦の実施にあたりては、航空艦隊司令長官を拝命して攻撃部隊を直率せしめられんことを切望するものなり。爾後《じご》堂々の大作戦を指導すべき大連合艦隊司令長官に至りては、自ら他にその人ありと確信するは、すでにさきに口頭をもって開陳せる通りなり

と述べ、連合艦隊司令長官のポストを意中の人に譲り、自分は航空艦隊司令長官としてハワイ攻撃をやりたいと希望している。山本がこの人を置いてないとする後任連合艦隊司令長官は、堀悌吉《ていきち》宛（昭和十六年二月四日）の書簡に、「十二月出港前に総長大臣に四月戦時編制の際米内をGF長官に起用を進言、及川同意」（堀悌吉『大分県先哲叢書』資料集第一巻）とあるので、米内光政《よないみつまさ》であったことが明らかである。予備役にあった米内を連合艦隊司令長官に起用する案は筋論の井上成美《しげよし》らの反対にあって潰れ、山本は代わりに嶋田《しまだ》

繁《しげ》太郎《たろう》を押すようになったといわれる（生出寿『凡将・山本五十六』徳間書店）。

保守派からの批判

ハワイ攻撃計画は、保守的海軍軍人には大胆かつ奇抜すぎ、反対、批判が続出した。米内、嶋田の連合艦隊司令長官就任はうまく運ばず、結局山本の留任になった。このためこれから数ヵ月間、山本の率いる連合艦隊司令部と軍令部間で真珠湾攻撃計画をめぐり、激しいやり取りが行なわれることになる。

大西瀧治郎

攻撃計画の研究を命じる

及川海相に「戦備ニ関スル意見」を示してから半月後の昭和十六年一月下旬、山本は連合艦隊司令部首席参謀の黒島亀人《かめと》大佐と第十一航空艦隊参謀長の大西瀧治郎《たきじろう》少将に対し、ひそかに真珠湾攻撃計画の研究を命じた。すでに実行する意志を固め、一方で中央を説得し、他方で作戦準備に着手したのである。山本がわざわざ直接の部下でもない大西に研究を依頼したのは、海軍航空きっての切れ者であり、彼の独創力、実行力を高く買っていたからにほかならない。大西は二月初旬頃、鹿児島県の鹿屋《かのや》基地で第一航空戦隊参謀の源田実《みのる》中佐に会い、この計画の基礎研究を依頼した。大西が自分の部下でない源田に重大な秘密を打ち明け研究を依頼したのは、やはり源田が海軍航空で知られた逸材であったからである。

必須の魚雷攻撃

源田が空母「赤城《あかぎ》」で練った案は、空母艦載機による水平爆撃及び航空魚雷攻撃（以後：雷撃）の成果が期待できないため、艦上爆撃機（以後：艦爆）による急降下爆撃を反復して実施し、空母、戦艦の優先順で叩く。集結・出発地として小笠原の父島か北海道の厚岸《あっけし》を上げている。大西は、この源田案を一部修正し、戦艦攻撃を水平爆撃、艦隊の出発地を択捉《エトロフ》島の単冠《ひとかっぷ》湾とした。四月上旬、大西は修正案を持って山本を訪ねたが、山本は雷撃ができないなら航空作戦はあきらめるよりほかないとまで言った。軍艦の装甲が弱い水面下を攻撃できる魚雷は、最も有効な兵器と見られていたが、それが使えないとなると、作戦を白紙に戻すほかないとまで考えなければならなかったのである。

浅沈度魚雷の開発

飛行機より投下された魚雷は、重さと慣性力でいったん海面下数十メートルまで沈下し、それから水面下まで浮上して航走するシステムになっている。真珠湾内の水深が浅く、投下された魚雷が海底にぶつかる可能性が高く、攻撃に使えそうになかったのである。当時、一二メートル以上は潜らない浅沈度魚雷を開発中であったが、まだ完成していなかった。そのため山本は航空作戦をあきらめかけたのだが、浅沈度魚雷に見込みが出てき

草鹿龍之介

たという話が届き、急遽、水平爆撃と雷撃を併用する案が検討された。

軍令部への計画披露

四月末、山本の命を受けた大西参謀長が軍令部に赴き、計画書を手交し、細部の説明を行なった。軍令部第一部長福留《ふくとめ》繁《しげる》、第一課長富岡定俊《さだとし》、航空主務参謀三代《みよ》一就《かずなり》はいずれも反対した。第一部長はいわゆる作戦部長である。福留はこの直前に永野《ながの》修身《おさみ》軍令部総長就任とともに、請われて連合艦隊参謀長の職から転出したばかりであった。この直後に第一航空艦隊参謀長に着任した草鹿《くさか》龍之介《りゅうのすけ》少将が福留を訪ねると、大西の計画書を見せ、これは精密な敵情調査だが作戦計画ではないから、具体的作戦計画の立案をやってくれと依頼されたという（草鹿龍之介『連合艦隊参謀長の回想』光和堂）。

計画立案の態勢

真珠湾攻撃計画立案に関して、山本—大西—源田のルート以外に福留—草鹿のルートができたことになる。しかし草鹿によれば、大西と以前から親密な関係にあったので、直接会って作戦計画について議論することにしたという。「赤城」に帰った草鹿は、首席参謀の大石保と源田実に研究を命じたが、源田は計画をはじめて見たような顔をしていた（草鹿前掲書）。艦隊の集結地・ハワイまでの航路の選定、航海中の艦隊への燃料補給、艦隊の編成、攻撃飛行隊の編成、米海軍の動静監視等の項目を草鹿側が概案を出し、連合艦隊首席参謀黒島亀人大佐と調整して煮詰める作業が進められた。他方で攻撃を実行する航空機隊の総合訓練は、源田と同期で彼が最も信頼する淵田美津雄《ふちだみつお》中佐の着任を待ち、八月末から真珠湾に似た鹿児島湾ではじめられた。

軍令部との対立

六月下旬、黒島参謀が軍令部で年度作戦計画を閲覧することを許された。従来の邀撃作戦構想そのままで、ハワイ作戦の文字は見えなかった。八月七日、黒島が水雷参謀有馬高泰《たかやす》中佐を伴い軍令部に赴き、対米英蘭作戦計画案の内示を求めた。同案も従来の構想のままで、ハワイ作戦を採用していなかった。黒島は強硬に作戦の採用を要求し、富岡課長との間で激論になった。軍令部側の反対理由は、作戦が投機的であること、ハワイまでの十日間を発見されずに航行するのは至難であること、無事にハワイ近海に達しても米艦隊が真珠湾にいない可能性があること、真珠湾での雷撃は困難であること、水平爆撃にも急降下爆撃にも大きな問題点があること、などであった。伝統の枠から一歩も出ようとしない軍令部と、対米戦は並大抵のことをやっていては勝算など立てられない、と考える山本の率いる連合艦隊司令部の認識の差に対立の原因があった。

特別図上演習を実施

九月十一日から二十日まで、東京の海軍大学校において特別図上演習が行なわれた。山手線目黒駅から数分の距離だが、品川区大崎が住所である。山本を統監とし、各級指揮官、参謀、軍令部員等約三〇人が集まって開始されたが、十六日と十七日だけはハワイ作戦の関係者だけが出席し、八月二十八日に草鹿を中心に第一航空艦隊司令部が作成した作戦計画に基づいて図上演習が行なわれた。結果は、味方より大きな損害を相手に与えることが期待できるというものであった。九月二十四日にも同じ海軍大学校で図上演習が行なわれ、その後、軍令部に席を移して軍令部側と連合艦隊側との間でハワイ作戦をめぐり行き詰まるような討議が行なわれた。軍令部側の懸念は、全空母をハワイ作戦に持っていってしまうと、比島、ジャワ方面に対する南方作戦が空母なしになり、大きな危険が予想される点にあった。

草鹿龍之介の回想

九月二十九日、第一航空艦隊司令長官南雲忠一《ちゅういち》、同参謀長草鹿、同首席参謀大石らが、鹿屋基地に第十一航空艦隊司令部を訪問し、打ち合わせを行ない、ハワイ作戦については取りやめるべしとの結論に達した。戦史叢書によれば、十月三日、この意見具申をするため、大西と草鹿が山口県光《ひかり》市室積《むろづみ》沖の旗艦「陸奥《むつ》」に山本を訪ね、この作戦に反対であることを述べ、その理由を投機的なるゆえとした。逆に山本から「そう投機的というなよ」と諭され、さらに「真珠湾攻撃は僕の固い信念である。反対論をいわず僕の信念の実現に努力してくれ」と懇請されたので、とうとう草鹿も「全力を尽くして実現するよう努力します」と答えて引き下がったといわれる。一度、作戦計画を引き受けた大西と草鹿が反対に回り、再び山本に説得されて再び引き受けたいうのは軍人らしくない。草鹿の回想では引き受けると山本に言明したのは一回だけで、ひたすら実現のために努力したとある。

黒島亀人の軍令部交渉

十月九日〜十三日まで、新しく旗艦になった「長門《ながと》」で、ほぼ固まった作戦計画の麾《き》下《か》への徹底を目的とする図上演習と研究会が行なわれた。この過程で新鋭空母「翔鶴《しょうかく》」「瑞《ずい》鶴《かく》」の第五航空戦隊もぜひハワイ作戦に加え、確実を期するべきだとの要望が起こった。山本は、やる以上、必要なものはすべて揃えると約束し、空母六隻を使用する最終計画が出来上がった。南方作戦に空母投入を不可欠と考える軍

南雲忠一

令部は強硬にこれに反対した。十五日に草鹿が上京し、軍令部に空母六隻の使用を要求したが物別れに終わり、十八日には黒島が出張して再度要求したが、軍令部の態度は変わらなかった。黒島の回想によれば、もう一度彼が山本の決意を伊藤整一《せいいち》次長に伝えると、伊藤は総長と凝議してついに連合艦隊の要求を呑んだとしているが、山本の辞意をちらつかせて迫ったのが実情ではないだろうか。

厳しい訓練の開始

麾下の艦隊及び各艦の術科訓練、総合訓練に厳しさを増すのは、この前後からである。宇垣纏《まとめ》連合艦隊参謀長の日誌『戦藻録《せんそうろく》』の十月十六日を見ると、

一艦隊と一戦隊の外は十四日以来夫れ夫れ訓練地に向って出港しサスガに室積沖も至極寂寥の感を催す　而し第二特別訓練として敵側の飛行機や潜水艦は泊地の巨艦を襲って日も夜も戦の稽古に遠慮はない。

とあり、それぞれの訓練計画に基づき各地で訓練を重ね、司令官や将官が乗っている艦をも標的にして遠慮なく攻撃訓練をする航空隊や潜水艦があったことがわかる。訓練の合間に各艦は最寄りの軍港に入り、不要不急物件や乗員の私物等をすべて陸揚げしたため、岸壁には不用品やゴミの山が幾つもできた。

計画実施へのプロセス

真珠湾内の敵艦を仕留めるには浅沈度魚雷の完成が不可欠であったが、こちらはやっ

と技術的問題が解決し、大急ぎで改造作業が進められている最中であった。作戦計画の立案、連合艦隊内や軍令部に対する説得と説明、攻撃訓練や出撃準備、使用兵器の開発と製造などが、すべて並行して行なわれていたわけで、どれかが行き詰まると作戦計画全体が行き詰まる薄氷を踏むが如きプロセスを経ながら、Xデーに向かって動いていた。

ハワイ作戦計画実施を決定

十一月五日、大本営海軍部は山本に対して「大海令第一号」を伝達し、作戦部隊の待機地点進出を命じ、「対米英蘭戦争帝国海軍作戦方針」を指示した。この第二章の第一節　第一段作戦の第六項に

第一航空艦隊ヲ基幹トスル部隊ヲ以テ開戦劈頭布哇所在敵艦隊ヲ奇襲シ其ノ勢力ヲ減殺スルニ努メ爾後主トシテ第四艦隊ノ作戦及南方攻略作戦ノ支援ニ任ズ

が織り込まれ、山本らが苦心して調整や準備を続けてきたハワイ作戦計画は、この半行の挿入によって正式に実施と決まった。だがこの第六項には釈然としないものがある。

作戦方針のトーンダウン

山本が及川海相にはじめて漏らした真珠湾攻撃構想では、「敵主力艦隊ヲ猛撃撃破」、「飛行機隊ヲ以テ之ヲ徹底的ニ撃破シ且同港ヲ閉塞」と、やるからには徹底的に叩きつぶし、しばらく立ち直りできないようにするとしていた。ところが右の作戦方針では、「布哇所在敵艦隊ヲ奇襲シ其ノ勢力ヲ減殺スルニ努メ」と、「減殺」にトーンダウンして

いる。つまりある程度の打撃を与えれば十分であるというのである。空母全部をハワイ攻撃に取られることに軍令部が強く反対し、連合艦隊司令部の方が必死に説得してようやく決着したが、その代償が「減殺」であったわけだ。真珠湾攻撃が不徹底のまま切り上げられた理由は、これに根ざしていたと考えられる。

作戦不徹底の理由

ハワイに向け出港する直前の十一月二十三日に「機密機動部隊命令作」第一号から第三号が発令された。その第一号には、「在布哇敵艦隊ニ対シ奇襲ヲ決行シ之ニ致命的打撃ヲ与」えるのが作戦の目的であると明記されている。しかし実際のハワイ作戦では、一撃だけで作戦を終了し撤収したため、被害を免れた艦船や石油タンク等の重要施設が数多く残り、そのために米軍の反撃時期が早まったと、のちに批判されるようになる。これについて草鹿参謀長は、作戦目的を南方作戦終了まで米艦隊主力が動けないようにすることであるとし、それに必要な戦果を上げれば一撃で引き下がる予定であったと釈明している。ハワイ作戦は、艦隊決戦を前倒しして猛烈な攻撃を加え、米海軍をして立ち直れないくらいに士気の沮喪をはかるはずであったのが、草鹿の言を借りるまでもなく、南雲《なぐも》忠一《ちゅういち》らの第一航空艦隊司令部では、南方作戦が終了するまで米軍をおとなしくさせる程度で十分であると考えていた。このようにハワイ作戦について、山本らの連合艦隊司令部、軍令部、作戦を実行する第一航空艦隊司令部の三者に、作戦の目的、攻撃の程度について認識に大きな差があり、これを修正しないままXデーに向かって進んでいった。

艦隊決戦の伝統を遵守

前出の十一月五日付の「対米英蘭戦争帝国海軍作戦方針」の第一章の「要綱」に、「速ニ在東洋敵艦隊及航空兵力ヲ撃滅シ南方要域ヲ占領確保シテ持久不敗ノ態勢ヲ確立スルト共ニ敵艦隊ヲ撃滅」とある。すなわち真珠湾作戦が実施されることになっても、日本軍が南方地域を確保したあとに来攻する米艦隊を邀撃して撃滅するとしており、軍令部は伝統的な艦隊決戦主義を少しも改めていなかったことになる。山本があまりしつこくハワイ作戦を主張するので条件付で認めただけで、それ以外の作戦では艦隊決戦の伝統をいささかも変更する気がなかった。

山本構想の不浸透

南雲も草鹿も本音は軍令部と同じで、ハワイ作戦をやると決まったからやるのであって、いずれ米艦隊の来航があり、艦隊決戦によって決着すると信じていた。そのためハワイ作戦では、一時的に米海軍を気絶させておけばいいのであって、いずれ艦隊決戦で徹底的に叩けばいいと考えていた。強大な米海軍と戦うには艦隊決戦を前倒しにするくらいの発想の転換が必要とする山本の考えは、連合艦隊の中にさえ浸透していなかった

艦隊決戦主義という厄介な相手

最後の打ち合わせ

ことになる。艦隊決戦主義は宗教の教義みたいなもので、情勢や環境がどんなに変わっても信じられ続けた。技術の進歩、兵器の変化を認めながら、それを駆使する思想を変えようとしない矛盾に気づかない海軍軍人が多すぎた。

山本が信念を変えずにハワイ作戦の断行を進めた結果、諸準備がどうにか整い、作戦に参加する艦船、航空機の集結がはじまったが、高級指揮官たちの脳裏を艦隊決戦主義が依然支配し続けた。山本の顔を立ててハワイ作戦をやるものの、いずれ艦隊決戦の機会がやってくると考えていた南雲や草鹿らにハワイ作戦の指揮を任せば、作戦が中途半端な結果に終わるのは目に見えていた。山本にとって米海軍以上に厄介な相手は艦隊決戦主義であり、思考停止に陥ったままの海軍であったかもしれない。

「大海令第一号」によってハワイ作戦が本決まりになり、これを受けて山本は、十三日、山口県の岩国航空隊に作戦に参加する各艦隊の司令長官、参謀長、首席参謀を集め、最後の打ち合わせを行なった。この打ち合わせに関する記録はなく、最後に撮った記念写真だけが残っている。席上山本は、ワシントンで日米交渉が行なわれていることを明らかにし、もし交渉が妥結した場合には、艦隊や航空隊がどこにいても、直ちに引き返すよう厳重に注意した。

機動部隊を激励

岩国に集合した連合艦隊司令長官等（最前列中央に山本司令長官）

攻撃作戦は南雲中将の率いる第一航空艦隊が行うことになった。「赤城」「加賀《かが》」「飛龍《ひりゅう》」「蒼《そう》龍《りゅう》」「瑞鶴」「翔鶴」の六隻の空母部隊で、「空母機動部隊」もしくは「機動部隊」と呼ぶことが多い。完成したばかりの浅沈度魚雷を受領するため佐世保《させぼ》に行っている「加賀」を除く各艦は、途中で飛行機隊と基地員を収容しながら、十六日に佐《さ》伯《えき》湾に集合した。十七日午後二時、軍令部総長代理の次長伊藤中将が旗艦空母「赤城」に来艦し、壮途を祝して一場の挨拶をした。続いて山本が来艦し、飛行甲板に整列した指揮官、幕僚、飛行科士官らを前に訓示を行なった。聞く者それぞれの肺腑に迫る激励であった。十八日から十九日にかけ、各艦は佐伯湾あるいは別府《べっぷ》湾を出港し、出撃用集結地に指定された択捉島単冠湾へと向かった。

単冠湾集結

単冠湾に到着した各艦は最後の打ち合わせと準備に余念がなかった。佐世保に行っていた「加賀」も二十三日朝には到着した。その日の午前、南雲は各指揮官、幕僚らを「赤城」に召集し、往復航路、作戦指導、通信、味方識別等を確認した。二十五日には飛行科士官を「赤城」に召集し、オアフ島の模型を使い攻撃計画について入念なチェックを行なった。淵田美津雄総指揮官から雷撃隊、水平爆撃隊、急降下爆撃隊、制空隊に対して、それぞれの任務に関する詳しい説明があった。航空隊は第二撃まで考えて作戦計画を立てていたが、山本の意図を南雲、大西、草鹿らが、遵守するつもりのなかったことが作戦中に露呈する。

北緯四十度線を東進

集結した機動部隊がいつ単冠湾を出撃するかは、ワシントンで進行中の日米交渉にすべてがかかっていた。しかし交渉は前進せず、大本営海軍部は二十一日付でいつでも作戦海面へ向かうべき命令を発した。機動部隊は計画にしたがい、二十六日早朝よりつぎつぎと単冠湾を出た。艦隊が航路として選んだ北緯四十度線の海域は、つねに強い低気圧の通過帯で、強風が吹き荒れ波浪が逆巻き、まったく航海には向いていない。ハワイ作戦の成否は奇襲の成功にかかっており、そのためには秘密裏にハワイに接近する必要があり、一般船舶の航行が少ないこの険しい航路を選んだのである。そのために洋上給油がむずかしく、天候とうねりを見ながら、可能なときにこまめに給油を行なうことにした。駆逐艦や巡洋艦はほぼ毎日、空母もハワイまでに二回程度の給油を行なった。十二月二日の十七時半、「新高山登レ一二〇八」が入電、これで開戦が八日午前零時と決まった。三日には山本が参内《さんだい》して拝謁を賜り、勅語《ちょくご》に対して奉答《ほうとう》を行なった。

開戦決定

ハワイ接近

十二月四日、ほぼ北緯四〇度を東進してきた艦隊は、ハワイ北方の待機地点で南方に向きを変えた。赤道に並行する航海は比較的艦の揺れが少ないが、南北に航行すると西風を受けて大きく動揺することが多い。さいわい荒天も長続きせず、燃料の補給も十分にできた。敵飛行哨戒圏に突入する前日の六日、それまで燃料と清水《せいすい》の節約のため入浴が禁止されてきたが、心身を清めて戦場に臨むために入浴が許可された。いわゆる禊《みそぎ》である。また各艦で小宴が行なわれ、健闘を誓い合った。七日、勅語の伝達と山本の激励の辞が到着した。そのあとで最後の燃料補給を行ない、任務を終えた第一補給隊は帰途に着いた。機動部隊は二〇ノット以上に増速し、ほどなく攻撃隊発進地点に到達した。すべてが計画通りに進行し、米軍が機動部隊の接近にまったく気付いていないことが、ジャズやハワイアンを流す陽気なホノルル放送でうかがえた。

真珠湾奇襲の成功

日本時間で十二月八日午前一時二十分、東方の空が赤みを増す頃、各空母は一斉に風上に向かって速力を上げた。艦が大きく動揺し、発艦作業に難渋しながらも、どうにか一八三機の第一次攻撃隊を無事に出撃させた。指揮官は淵田美津雄中佐である。その大編隊が南方に姿を消した午前二時四十五分、嶋崎重和《しげかず》少佐を指揮官とする第二次攻撃隊一六七機が発進を開始した。午前三時十九分、機動部隊は攻撃隊の突撃を知らせる「トトトト」を受信、奇襲成功を確認した。直ちに連合艦隊と大本営海軍部に対して、無線封止を破って奇襲成功を知らせる「トラトラトラ」の電報を打電した。

第一撃による戦果

真珠湾攻撃（炎上する米戦艦ウェストバージニア（手前）とテネシー（奥））

作戦が大成功を収めたのは周知の通りである。戦果についても数多くの戦記が出ているので、詳細はそちらに譲る。被害状況について、第一次攻撃隊は九機、第二次攻撃隊二〇機、合わせて二九機を失っただけであった。第一次・第二次攻撃隊による第一撃で、真珠湾所在の艦船で無傷のものはほとんどいなくなったが、まだまだ攻撃すべき目標はいくらでもあった。山本の猛攻を加え徹底的に叩く指示がなくても、純軍事的作戦であれば第二撃をやるのは攻撃の常識である。だがこのあと南太平洋での作戦が待っており、南雲は「減殺」に成功すれば引き揚げるつもりであった。

第二撃を命令せず

全出撃機の収容を終わり、各艦からの報告を受けた南雲長官は、十分な戦果を上げたと判断し、第二撃を命令せず、そのまま艦隊を北上させた。北上中、南雲は「敵出撃部隊ニ対シ警戒ヲ厳ニシツツ北上シ明朝付近ノ敵ヲ索メテ之ヲ撃滅セントス」と命令したが、この中に海軍軍人が大好きな「撃滅」を挿入しているが、いわば海軍の慣用語で、南雲にとっても実態の伴わない空洞化した言葉であった。ここにいう敵は所在不明の米空母部隊を指すと見られ、のちに米空母の脅威があるために第二撃をやめ、北方に移動したという釈明に及んだ。

海軍軍人の時代錯誤

真珠湾攻撃を一撃だけで終えたのは、現場指揮官と軍令部の最初からのハラであったが、海軍軍人の淡泊な性格がそれを肯定する遠因になったことも否定できない。淡泊な性格は、海軍が総力戦と無縁な環境の中で育ったことが関係しているかもしれない。国民と国民の激突である総力戦は非人道・非道徳になりやすく、正邪の区別を踏みにじることがしばしばである。手段を選ばず徹底的に相手を叩きのめして、勝利を確実にするのが総力戦である。ところが洋上で活動する海軍は、このような総力戦とかかわりが少なく、近世まで続いた武士道・騎士道を近代になっても持ち続けることができた。ことに日露戦争での大勝利という経歴を持つ日本海軍は、誇り高いがゆえにこの性格が強く、武士道に恥じない美しい戦いを心がけた。このために、時代錯誤ともいえる淡泊な戦いをしばしば見せることになった。

八分の戦果

草鹿龍之介の回想記にある次の一節がユニークである。

……まず物的にみても八分の戦果である。またこの作戦の目的は南方部隊の腹背擁護にある。機動部隊のたちむかうべき敵はまだ一、二にとどまらないのである。だからこそ、ただ一太刀と定め、周密な計画のもとに手練の一太刀を加えたのである。だいたいその目的を達した以上、いつまでもここに心を残さず、獲物にとらわれず、いわゆる妙応無方朕跡を留めず、であると、直ちに引きあげを決意した。

（草鹿前掲書　七四頁）

大衆時代、国民が総力戦の主役になって戦いのマナー、ルールが大きく変わったが、草鹿の意識は戦いのマナーに殊にうるさかった武家時代そのままである。ハワイ作戦が八分の戦果、一太刀のために行なわれたというのは彼の独善である。総力戦は、いくら草鹿が剣術の達人でも、一太刀のような八分の戦果、淡泊な戦法では到底戦えない。

骨抜きにされた奇襲計画

戦史叢書は、草鹿から別の回想を得ているが、それによれば「出撃前軍令部において、わが母艦を損傷しないように強く要望された」（『ハワイ作戦』三四六頁）と、作戦の最高指導部にあるまじき要望を受けたことを告白している。山本が辞職をちらつかせて要求するからハワイ作戦にお付き合いするが、本当は南方作戦が主作戦だから、ハワイ作戦で空母を損傷し、南方作戦に支障が出てはたまらないというのが、軍令部の本音であった。アメリカとの戦争は尋常なことでは勝てないから発想を転換し、艦隊決戦を前倒ししてハワイ作戦として劈頭に持ってきた山本の構想に、軍令部も、南雲・草鹿も表面では同意したが、腹の中では従うつもりがなかったことが明らかである。面従腹背というほど深刻なものではなかったが、折角のハワイ奇襲も、軍令部や南雲・草鹿らによって肝心な点が骨抜きにされてしまった。真剣に勝利の機会を探し続けた山本が気の毒である。

超えがたい距離

総力戦では徹底さを欠くと、作戦の成功は期待できない。八分の成功で満足せず、海に浮かぶ敵兵にとどめを刺すまでやらなくてはならないのが総力戦である。しかし山本が考えるほど海軍軍人の意識は徹底せず、武士道の作法が総力戦に通じるとでも思っているらしかった。山本が目指す戦いと、他の指揮官たちが後生大事にする戦いとの間には、越えがたい距離があった。

二　珊瑚海海戦とミッドウェー海戦

進攻の限界

開戦以来、陸海軍は破竹の勢いで進攻を続け、占領地域はもの凄い勢いで拡大した。山本がアメリカと戦うに当たり、「次々にたたいていかなければ、どうして長期戦ができようか。常に敵の痛いところに向かって猛烈な攻撃を加えねばならない」と、強大なアメリカを敵にする場合、先手先手を打って相手の弱点を攻め続け、反撃の機会を与えてはならないという彼の戦う論理は間違っていない。つねに先手先手を取って攻勢をかけ、決して止まってはならない、行けるところまで行くしかない、と日頃語っていた通りの戦法であった。しかしこの勝利の勢いをいつまでも続けられるのであればいいが、近代戦は補給戦ともいわれるように、補給困難が進攻の限界である。

歴史の節目

これとは別に歴史の流れには必ず節目があり、これを見誤るとどんな強盛者も歴史から取り残される。圧倒的国力を誇るといわれたアメリカにしても、戦争中に現れた歴史の節目を見誤ると、戦況は国力とは別方向に傾くことは十分ありうる。歴史の節目は、平時であろうが戦時であろうがお構いなしにやってくるもので、これを見誤ることが決してあってはならない。

積極攻勢の終末

　海軍を先鋒とする積極攻勢の終末がどの辺にあるのか、山本も海軍もわからなかった。当面、米豪の連携を断つためにもニューギニア、ソロモン、フィジー、サモア、アリューシャン、ミッドウェーの線まで考えた。中国大陸における陸軍の暴走に劣らないように見える。一時、オーストラリアへの進攻を唱えたが、陸軍の強い反対に遭って引っ込めた経緯がある。軍艦だけなら燃料が切れるまで前進可能であるが、地上部隊を伴うと事情が変わってくる。陸海軍の陸上部隊を島嶼部に配置すると、そのあとに恒常的補給の負担がかかってくる。補給不可であれば部隊維持も不可で、進出の終末線を超えていることになる。終末線が米本土に延伸可能であれば、ワシントンに向かって攻勢をかけることになるが、大戦中、一度も米本土進攻を検討しなかったのは、米本土が終末線を超えていることを海軍も知っていた証左である。陸軍は海軍が主張するオーストラリア進攻案を国力の限界を超えているとして拒否し、太平洋戦域では補給に敏感な陸軍が海軍の積極攻勢主義のブレーキ役になった。しかしさらなる進出を嫌がる陸軍を説得して立案したのが、ニューギニア、ソロモン、フィジー、サモア、アリューシャン、ミッドウェーへの進出計画であった。

南下作戦

まず手はじめに、ニューギニアのポートモレスビー攻略（MO作戦）とフィジー及びサモア攻略（FS作戦）を実施し、続いてアリューシャン及びミッドウェー攻略（MI作戦）を実施することになった。いずれも軍令部より連合艦隊司令部が熱心かつ積極的であったから、積極攻勢策を説く山本の考えが強く反映されていたと考えられる。

南方資源地域の確保

日本軍の南下には、大ざっぱにいえば二つのルートがあった。一つは、開戦目的となった自存自衛のために陸海軍が連携し、マレー半島、ジャワ・スマトラ・ボルネオ等南方資源地域を目指すルートであり、もう一つは海軍の強い要求によって推進されたグアム島、ニューアイルランド島、ニューブリテン島を目指すルートだが、こちらのルートは最初から目的がはっきりしなかった。とりあえず、ニューブリテン島の要衝ラバウルの攻略が目標とされた。日本が南方資源地帯と呼んだ東南アジアは、イギリス、フランス、オランダ等の植民地であり、この地域の戦いには植民地の再分割といった性格があり、英蘭等宗主国軍に植民地を死守する意欲に欠けていたこと、戦争に備える態勢ができていなかったこと等によって、マッカーサーが防戦するフィリピンを除いて短期間に宗主国軍が崩壊し、日本軍に占領されるに至った。不甲斐ない宗主国軍の戦いぶりから、日本軍内に宗主国軍を見くびる意識が広がった。

米豪の連絡線遮断

開戦後、第二のルートについて、米軍の来攻を阻止し、米豪の連絡線を遮断して、南方資源地帯を守るという目的が付された。すなわち防衛線をできるだけ遠くに設定する海軍の戦術的発想、米軍の反攻に先手が打てること、米豪の連携を遮断して米軍に反攻の根拠地を与えないこと等の考えが相まって、積極的にこのルートによる進攻をはかることにした。

米豪軍との激戦

ところがルートの先に点在するニューギニア及びソロモン諸島で、頑強に抵抗する豪軍、これを支援する米軍との間で想定外の激戦が起こった。オーストラリアにとって、この地域は本土防衛線であり、日露戦争期の日本にとっての朝鮮半島の位置に似ており、豪軍の戦う姿勢は南方資源地帯で見た英蘭軍とは明らかに違っていた。植民地宗主国の淡泊な戦いと違って、豪軍は必死の態勢で日本軍に挑んできた。内地にいた連合艦隊司令部が、戦いが植民地の再分配からオーストラリアの国土防衛戦に転化したことに気付くほど敏感であったとは思えない。

島嶼戦

ここでの戦闘は主に島の争奪戦であるということから島嶼戦《とうしょせん》と呼ばれ、太平洋戦争が艦隊間の戦闘（海洋戦）であるはずという開戦前の認識では、考えられない戦いである。この戦いが、日本の敗北に直接つながることになる。日清戦争以来、陸軍は大陸で、海軍は海洋で戦い、陸海軍が共同作戦を行なうことはほとんどなかった。陸軍と海軍が離れた場所でそれぞれ戦ってきたこれまでの戦争は、天皇の統帥権《とうすいけん》によって陸軍と海軍がそれぞれ独立している体制によく合致していた。ところが島嶼戦は、この体制の持つ障碍《しょうがい》を明らかにし、この体制での戦争がもはや時代遅れである事実を突き付けることになった。

統一司令部の必要性

というのは島嶼戦では、陸上部隊・艦艇・航空隊（三つを陸海空と呼ぶ）が共にかつ同時に戦うことができるだけでなく、連携して戦わねばならない戦いであった。陸海空の有する能力が最大限に発揮されるには、単一の司令部によって指揮されることが望ましく、米豪軍はマッカーサーを司令官として陸海空の戦力を一元化し、日本軍に相対した。これに対して日本軍の方は、統帥権が障碍になって、共にかつ同時に戦う態勢をつくることが困難であった。陸海空を一元化する指揮官は天皇以外になく、そのようなポストをつくることは不可能であった。統一司令部の設置のためには統帥権を見直す必要があり、その行き先は天皇体制の見直しにまで発展する可能性があり、結局、日本の南方戦線に置くことは敗北まで見直しができなかった。これが戦争中、最初に現れた歴史の節目であるといっていい。

米軍の反攻開始

米陸軍航空隊のラバウル爆撃

昭和十七年三月八日、ニューギニアのラエとサラモアに対して、ニューギニア・ソロモン諸島進攻の第一歩となる海軍陸戦隊を派遣した。この四日後、フィリピンを脱出したマッカーサーはミンダナオ経由でオーストラリアのダーウィンに到着した。すでに彼は、二月下旬に米軍及び豪軍をも指揮する南西太平洋軍最高司令官に任命されていた。オーストラリアに派遣されていた米軍はマッカーサーをがっかりさせるほど少なかったが、フィリピン各地などから退避してきた米陸軍機を再編した陸軍航空隊は、反撃可能な戦力に再編成され、早速ニューギニアのポートモレスビーに進出した。主力のB17大型爆撃機は四発のエンジンを持ち、四トン近い爆弾を積み、機体にはハリネズミのように機関砲を備え、戦闘機の護衛なしでも敵地上空に進行する能力を有していた。ケニーに率いられたこの爆撃隊は、ニューブリテン島北端のラバウルに展開した海軍航空隊を爆撃し、大きな戦果を上げた。開戦まで海軍中央及び連合艦隊は、よもや太平洋で米陸軍航空隊と航空戦を交えるなど考えもしなかったに違いない。予想外の出来事の意味を早急に判断しなければならなかった。断続的に行なわれた米陸軍航空隊のラバウル攻撃は海軍航空隊を悩ませ、連合艦隊にポートモレスビー爆撃にとどまらず、同地の攻略案まで立案させるに至った。これが珊瑚海海戦《さんごかいかいせん》の引き金になっていく。

MO作戦

東西に長く延びたニューギニアの中央部には、四〇〇〇㍍を超す高峰が聳える山脈が東西に連なっている。ニューギニア北岸から陸路で南岸のポートモレスビーを目指すには、途中にあるスタンレー山脈を踏破しなくてはならない。その前後には、急峻な渓谷が幾つもあり、とても陸路では攻め込めないと考えられた。そうなると海路による攻略のほかなく、ポートモレスビー攻撃を主張する連合艦隊は、上陸作戦による進攻を企図した。こうして作成された計画がMO作戦だが、日本人の悪い癖でついでにもう一つ作戦を付け加えた。それがサモアとフィジーの攻略を目指すFS作戦であった。

第四艦隊

作戦を直接指揮するのは、山本とともに三国同盟の推進に反対した井上成美が司令長官をつとめる第四艦隊である。井上は、インド洋作戦の帰途に主力部隊と分かれた空母「瑞鶴」「翔鶴」からなる原忠一《ちゅういち》提督麾下の第五航空戦隊を指揮下に入れ、これに重巡洋艦、駆逐艦を付けてMO機動部隊を編成した。一方で空母に改装されたばかりの「祥鳳」と重巡、駆逐艦でMO攻略部隊を編成し、上陸部隊輸送船団の護衛に当たらせることにした。上陸するのは陸軍南海支隊である。南海支隊は、堀井富太郎少将を指揮官とする四国の第五十五師団の歩兵団を基幹として編成され、グアム島とラバウルに対する攻略作戦に従事してきた歴戦の部隊である。

珊瑚海海戦（大破する米空母「レキシントン」）

ＭＯ作戦計画は米軍側に漏れていた可能性が高い。米海軍はフレッチャー少将麾下の空母「レキシントン」、「ヨークタウン」から成る機動部隊を派遣し、日本軍の攻勢を阻止する挙に出てきた。開戦以来、日本海軍がはじめてまみえる米機動部隊である。昭和十七年五月四日、米機動部隊はソロモン諸島のフロリダ島ツラギにあった横浜航空隊を襲撃して大きな戦果を上げ、七日には珊瑚海を航行中のＭＯ攻略部隊を攻撃し、空母「祥鳳」を撃沈した。この報を得た井上は、ひとまず上陸部隊輸送船団を退避させ、ＭＯ機動部隊を米機動部隊の攻撃に向かわせた。お互いに動き合う両機動部隊が空母艦載機による攻撃をかける世界初の海戦になろうとしていたが、予想外に相手を見つけるのが困難であった。出撃した日本機が、着艦しようと接近すると、それが敵空母であったといった珍事が発生したのも、史上最初の空母機動部隊戦らしさをうかがわせる。

日本軍初の挫折

五月八日、朝から両艦隊は索敵機を飛ばし、同じ頃に相手を見つけ、攻撃機を発進させた。同じ頃に敵空母上空に達し、攻撃態勢に入った。日本機は、同時に左右から空母「レキシントン」目がけて魚雷を投下し命中させた。一方、米軍機は急降下爆撃を得意とし、攻撃機が空母「翔鶴」に爆弾を命中させ、大破させた。その後、「レキシントン」は漏れた航空燃料が爆発し放棄された。戦闘だけ見れば互角だが、日本軍が計画してしたポートモレスビー攻略作戦が中止され、日本軍にとって初の挫折になった。ポートモレスビー攻略作戦を阻止した米軍の戦略的勝利と評される。

珊瑚海海戦の戦訓

しかし世界初の空母機動部隊戦は、それまで気付かなかった貴重な戦訓をたくさん残した。それを検証し次のために生かせれば、艦船や艦載機、搭乗員の喪失は無駄でなかったことになる。しかし歴史に学ばない、戦訓に学ばない日本軍人の性向が、日本の運命を左右することになった。珊瑚海海戦は、日本海海戦のように並行する戦艦中心の敵と味方の艦隊が撃ち合う近代海戦を過去のものとし、航空機が相手の艦隊に対して爆弾、魚雷を放つ新しい戦闘形態に切り替わる転換点であった。これまで敵の攻撃は、砲撃によるため横又は斜め上から加えられたが、最新の攻撃は空から加えられることになった。二次元戦から三次元戦への転換である。攻撃の中心が戦艦から空母に移り、艦隊の陣形も空母を守る態勢に転換する必要に迫られた。開戦後に現われた二つ目の歴史の節目である。

第四艦隊司令部の報告書

戦訓は報告書の形でまとめられて、第四艦隊司令部から連合艦隊司令部に上げられた。ところが連合艦隊司令部は、今回の挫折はすべて第四艦隊及び第五航空艦隊の未熟にあり、それ以外にはなにも原因がないという態度であった。井上などは敗北主義者などと罵倒された。そのため第四艦隊がまとめた報告書に、「バカめ」と赤鉛筆で殴り書きされる始末であった。最新の戦例が残した戦訓に基づく対策を講じなければ、次の戦闘で同じ失敗を繰り返すのが戦訓の真理である。日本軍人が軽んじる常識である。

戦訓無視

このような連合艦隊司令部の戦訓無視には、山本も大きく関係していたと見られる。真珠湾攻撃、インド洋作戦の成功によって山本の声望は頂点に達しており、彼の一言一言がまるで神の声でもあるかのように、海軍部内でこだました頃である。周囲のそんな雰囲気に、彼自身も冷静な観察眼を見失っていた。この時期の山本は、紛れもない「裸の王様」であった。井上の司令部から上がってきた報告書を彼がじっくり読んだという記録がない。部下たちが第四艦隊や第五航空艦隊を罵倒するのを止めようともせず、それを黙認していた。あとで山本は、指揮官として失格の井上は、江田島の校長に転出するだろうと部下に冷ややかに語っていたエピソードから見て、彼にも珊瑚海の挫折を第四艦隊や第五航空艦隊の無能にせいにする幕僚らの言い分を否定する気がなかったと思われる。

米海軍の戦訓分析

世界初の空母機動部隊間の戦闘から得られた戦訓を、一つ残らず見落とすまいとつとめたのは米海軍の方である。日本では、珊瑚海海戦で傷ついた空母「ヨークタウン」を三日間の突貫工事で応急修理をすませ、ミッドウェーの戦場に送り出したことばかりが話題になるが、戦訓の検証に基づき、つぎの海戦への対策を大車輪で取ったことに注目すべきであろう。ニミッツの太平洋方面艦隊司令部は大急ぎで報告書を検討し、戦訓の分析を行なった上で、大がかりな改善策を講じた。虎の子の空母を高速で飛来する敵機から守るために、それぞれの空母を遠く引き離し、巡洋艦や駆逐艦が幾重にも円形に取り囲んで防御する輪形陣を導入すべきこと、巨額の建造費がかかった戦艦や重巡さえも空母の護衛の任につかせること、敵空母を見つけるために、攻撃力を犠牲にしてでも多数の索敵機を飛ばす必要があること、また空母を守るために上空に多数の防空戦闘機を配備する必要があること、などである。端的にいえば、日本海海戦のような一列の艦列をつくり、砲撃戦で決着をつける艦隊決戦方法が飛行機の活躍によって価値を失い、主役であった戦艦・重巡が防空艦へと身を落としたことを意味した。

大艦の遺物化

五月十七日に大破した空母「翔鶴」が呉に入港した。早速山本は参謀長の宇垣纏《まとめ》を連れて見舞ったが、戦訓について真面目に聞こうとしなかった。二十三日、瀬戸内海柱島《はしらじま》沖の旗艦「大和」で行なわれた次のMI・AL作戦の打ち合わせにおいても、珊瑚海海戦における戦訓の話はまったく出なかった。最新の戦訓への対策を怠った者は、同じ轍を踏む確率が高くなる。部下たちが浮ついていても、その雰囲気を戒め、失敗を客観視する冷静さこそ司令官の責任であった。珊瑚海海戦後の山本に、部下たちの言動を注意し、蟻の一穴にも全力で対策を講じる指導をしなければならなかったが、このときの山本にはこうした態度が欠けていた。

山本の態度

MI作戦はミッドウェー攻略作戦、AL作戦はアリューシャン西部攻略作戦の略号である。もしどちらかの作戦の際に、米機動部隊が攻撃を仕かけてくれば、何らの対策を講じていないために同じ失敗を繰り返す危険が大きかった。珊瑚海海戦の結果にかかわ

鎧袖一触

りなく、内地ではＭＩ作戦とＡＬ作戦の準備が着々と進められていた。山本の司令部が珊瑚海海戦の戦訓を無視する態度であったから、珊瑚海海戦以前の考え方で準備が行なわれていたことはいうまでもない。作戦会議において懸念が指摘されると、「鎧袖一触《がいしゅういっしょく》」の言葉で一蹴されるだけで、議論が尽くされることはなかった。これまでは、相手の防御態勢ができていないところを衝く奇襲で勝ってきたが、これからは戦備を整えて待ち構えている相手と干戈を交えることが多くなる。それでも判で押したように「鎧袖一触」で片付けられ、完全な自信過剰、慢心に陥っていた。日露戦争終結後の連合艦隊解散式の際、東郷平八郎《とうごうへいはちろう》が行なった「勝って兜の緒を締めよ」の訓示はあまりに有名だが、まさにこうした事態を戒めた言葉である。日露戦争、とくに日本海海戦を繰り返し学んだ海軍軍人が、皮肉にも最も重い戒めを忘れてしまったわけである。

大本営の戦争指導

日本の命運を決定付けたといわれるＭＩ作戦、すなわちミッドウェー作戦計画は、連続攻勢策を進める山本が強く希望して作成された。これに対して大本営海軍部は消極的で、両機関の調整は進展しなかった。ところが四月十八日に日本本土がドゥーリットル爆撃隊に襲撃されたのが契機となって、大本営も従来の態度を変え、作戦計画は一気に具体化されることになった。五月五日にＭＩ作戦及びＡＬ作戦の実施に関する大命と大本営指示があり、十八日にはフィジー、サモアを攻略するF・S作戦の大命と大本営指示とがあった。この日、F・S作戦中に機会を捉えてポートモレスビー攻略作戦を実施するように、との大本営からの指示があった。海軍にしても陸軍にしても、兵力集中による敵撃破が作戦の要諦のはずだが、大戦中、大本営の戦争指導にはこれが守られないことが多かった。同時に二つ、三つの作戦が計画されることがしばしばあり、兵力の分散を少しも懸念しないごとくであった。

雑駁な作戦準備

驕り高ぶった中での作戦準備は、すこぶる雑駁に流れた。笊から水がこぼれるように情報が流れ、米海軍に十分な迎撃態勢をとる余裕を与えた。珊瑚海海戦に派遣された第五航空艦隊以外は、身の危険を感じさせる敵機群の来襲を一度も経験したことがなく、優秀機と持てはやされる零戦にしても、敵機群の来襲を組織的に阻んだことがなかった。積極攻勢作戦によって常に先手をとり、対等に撃ち合ったことがない海軍が、本当の実力を試されようとしていた。

機動部隊のミッドウェー出撃

五月二十七日から二十九日にかけて、四つのグループに分かれた艦船が本土、サイパン及びグアムから相ついでミッドウェーを目指して出撃した。動員された艦船三〇〇隻以上、飛行機九〇〇機以上、参加将兵九万人以上、まさに怒濤の進撃であった。作戦の

主力部隊の出撃

旗艦「大和」

中心は、今度も南雲忠一中将麾下の第一航空艦隊であった。珊瑚海海戦で船体や航空隊に損失が出た「瑞鶴」「翔鶴」が出撃できないため、空母は「赤城」「加賀」「飛龍」「蒼龍」の四隻であったが、対する米空母は多くても三隻、おそらく二隻しか出てこないはずとの読みからすれば、十分すぎる陣容であった。空母部隊を護衛するのは、戦艦二、重巡二、軽巡一、駆逐艦十二で、空母一隻当たり駆逐艦三隻、重巡〇・五、軽巡〇・二五、戦艦〇・五という貧弱なものであった。珊瑚海海戦で米海軍が見せた急降下爆撃を阻止するには、航空機による防空と艦船の対空砲による分厚い弾幕を張る必要があったが、米軍を嘗めきっていた海軍は特別の対策を講じていなかった。

理解に苦しむのは、二十九日、山本自身が主隊と警戒部隊とからなる主力部隊を直率して出撃したことである。主隊は日本海軍が誇る戦艦「大和」「長門」「陸奥」のほか、空母「鳳翔」、軽巡一、駆逐艦九、また警戒部隊は第一艦隊司令長官高須四郎中将が率いる戦艦四、軽巡一、駆逐艦十二という部隊であった。この主力部隊は機動部隊の遥か後方をミッドウェー目指して航行したが、何を任務にする部隊なのか、なぜ山本が出向くのか、理由が見当たらなかった。

作戦計画の解釈

一般的解釈に従えば、味方機動部隊に撃破され傷付いた敵艦隊を、主力艦隊が駆け付けて一気に撃滅する作戦計画であったといわれる。つまり、ミッドウェーに突き進む連合艦隊は、空母機動部隊の搭載機によって漸減作戦を行ない、傷付いて戦力を落とした敵艦隊に対して味方主力艦隊が艦隊決戦を行なうことを企図していたという見方である。日本海軍が追い求めてきた航空機による漸減作戦、戦艦・重巡の主砲による艦隊決戦をミッドウェーで実現し、日本海海戦のような敵艦隊「撃滅」を達成するというのは、ずいぶん海軍贔屓《びいき》の見方である。

日米の戦術転換の相違

戦争中における戦術転換の遅滞は致命傷になりかねない。世界初の機動部隊間の海戦であった珊瑚海海戦がもたらした影響は革命的であり、戦訓を検証し、それに基づき作戦計画、艦隊編成、陣形、通信システム等を変更し、つぎの海戦に臨むくらいでなければ、次に勝利を獲得することはむずかしい。珊瑚海海戦の戦訓をつぶさに検証し、空母中心の艦隊編成、陣形、防空体制に転換した米海軍と、空母の威力を十分に認めながら、

ミッドウェーの敗因

ミッドウェー海戦（日本軍機の攻撃を受ける米空母「ヨークタウン」）

伝統的主力艦による艦隊決戦の編成を崩せなかった日本海軍との対照的対応は、戦時中であるがゆえにすぐに勝敗という形で跳ね返ってくる。

ミッドウェー海戦における日本の敗因について、海戦の敗北が日本の命運に直接結び付いただけに、戦後多くの評者が取り上げてきた。艦上攻撃機のミッドウェー島爆撃が不十分で、さらに爆撃を加えるために対地用爆弾の搭載を終えたところに、敵空母発見の報が入り、大急ぎで艦船攻撃用魚雷・爆弾の取り換えを行ない、ようやく発進の態勢が整うとともに、一番機が発艦した。そこに米急降下爆撃機が襲来し、艦載機の魚雷・爆弾が誘発して空母が大火災に覆われ、三隻の空母が相ついで沈没していった。たまたま航路を変更した「飛龍」だけが難を逃れ、孤軍奮闘して米空母「ヨークタウン」を航行不能にしたが、ついに波状攻撃を受けて沈没、全空母を失う大敗を喫した。これが海戦の概要である。爆弾から魚雷への交換を終えた攻撃機をもう少し早く発艦させていたら、あのように惨敗することはなかったという指摘が「運命の五分間」となり、ここに最大の敗因があるかのように論じられてきた。

空母喪失の痛手

こうした指摘は、ミッドウェー海戦だけに焦点を当て、珊瑚海海戦との脈絡をまったく視野に入れない議論である。連合艦隊にとって、米海軍の急降下爆撃により一度に三隻もの空母を失い、敵艦隊に対する攻撃能力を失ったことが、海戦中に受けた最も大きく修復不可能な痛手であった。戦闘中の混乱では、五分、十分の行き違いは幾らでもあり、爆弾換装に費やされた時間は予想外とは言いがたい。作戦指揮は、こうした齟齬を織り込んで行なわれるのが普通である。まったく予想できなかったのは、一挙三隻の空母の喪失であった。両軍の激突である以上、一、二隻ぐらいの喪失は覚悟していたであろうが、まさか三隻がいっぺんに撃破されるとは思いもよらぬことだった。その原因は爆弾の換装云々ではなく、空母四隻をかためて置くという伝統的艦隊編成をして海戦に臨んだことにあった。珊瑚海海戦後、米海軍が空母一隻を輪形陣で囲み、それぞれを遠く引き離したように、日本海軍もそれぞれの空母を引き離しておけば、一度に三隻も失

機動部隊の陣形

うことはありえなかった。

日本の機動部隊は、前列に巡洋艦「筑摩《ちくま》」「長良《ながら》」「利根《とね》」の三隻を配し、後列に戦艦「霧島《きりしま》」「榛名《はるな》」を配し、その間に空母四隻を前後二列に配する陣形であった。この陣形では四隻が一度に喪失する恐れがあった。たまたま陣形が乱れ、「飛龍」だけが攻撃を免れたために四隻を同時に失わずにすんだが、それは偶然にすぎない。連合艦隊参謀長宇垣纏《まとめ》は『戦藻録《せんそうろく》』の六月五日の条に、「本作戦の齟齬蹉跌の主因」として敗因をまとめている。その第四項は「空母集結使用の欠陥に乗ぜられたる事」と題され、「敵は南北百里範囲に二団或は三団に分散配置したるに対し、我は集結一団の裡に発見攻撃を集中せられ、第一撃に依りて赤城、加賀、蒼龍の大火災を誘致せり」と一まとめに空母を置いた失敗を認めている。六月十六日に連合艦隊司令部は軍令部に赴き報告を行っているが、宇垣は冒頭で敗因を「側方警戒不足」と「空母が団子になっていた」の二点としている（佐薙メモ）。ある戦闘の戦訓から味方の弱点、敵の長所を検知し、早急に対策を講じなければ、つぎに同じ轍を踏むのが戦いの掟である。いつまでも日露戦争の艦隊決戦にしがみついていられるほど悠長なものではない。海戦ごとに戦訓の検証を厳格に行わない、素早く戦訓を生かす即応性がなければ、戦争を乗り切ることはできない。事前に日本側の情報が漏れていたことや、「運命の五分」が敗因の一つであることは否定できない。しかし情報が漏れていても、「運命の五分」があっても、一度に三隻もの空母を失うことは信じがたい失態である。ありえないことが現実になったということは、何か大きな手抜かりがあったことを物語る。

航空攻撃対策を怠る

連合艦隊は、敵の空からの脅威について真剣に対策を講じたとは思えない。ミッドウェーに出撃した機動部隊はこれまで一度も敵の航空攻撃を受けたことがなく、ことに米海軍の急降下爆撃がどれほど威力のあるものか、珊瑚海海戦の戦訓に出ていたにもかかわらずこれを無視し、対策を放置した。そのため空母四隻をまとめて艦列の中央に置き、一度に全部が叩かれる危険性が大きい陣形で海戦に臨んだのである。

戦訓の抽出

海戦後に四隻の空母を失った第一航空戦隊が提出した「航空戦戦訓並ニ所見」に

(イ)空母ノ用法

敵ハ海上作戦ノ主隊ヲ空母ニ置キ……敵空母一隻ニ対シ左図ノ如ク巡洋艦三隻乃至五隻、駆逐艦十数隻ヲ以テ援護シ、対空防禦ヲ強化シアリタル

(ハ)雷　撃

今次戦闘ニ於テ約五十機ノ雷撃機来襲セルモ殆ンド全部戦闘機隊ニ依リ撃墜シ

発射魚雷回避ニ成功
（ホ）急降下爆撃
敵ノ各種攻撃法ノ中最モ警戒スベキモノハ之ナリ

あとの祭り

等と、あとの祭りである戦訓を抽出している。（イ）は空母を一隻ごとに取り囲む輪形陣を米海軍が採用したことを指摘している。（ハ）と（イ）は、はじめて見つけたような書きぶりだが、すでに珊瑚海海戦でわかっていた戦訓である。しかしこの戦訓では、最も肝心な「戦訓無視は重大な結果を招く」という戦訓を抽出していない。戦訓を無視する組織の体質や仕組みにまで踏み込んでいないのである。

惨敗の原因

珊瑚海海戦に出現した節目を無視した日本海軍と、いち早く察知した米海軍との落差が、ミッドウェーにおける連合艦隊の惨敗という現実となって現れた。この作戦の実施を強く求めた山本が結果に対して責任を負わねばならぬのは当然だとしても、彼ほど繊細な判断力を有しながら、珊瑚海海戦に現れた歴史の節目を見逃したのは、彼自身も真珠湾以来の大勝に酔いしれて、「驕り症候群」にかかっていたとしかいいようがない。山本だけでなく連合艦隊の指揮官に欠けていたのは、歴史の教訓に学ぶ姿勢、時間軸をたどって物事を考える態度が欠如していたことであろう。

三　島嶼戦と基地航空戦

作戦計画見直しの時期

海軍が東部ニューギニアのポートモレスビー攻略にこだわったために、珊瑚海海戦が発生し、はじめての挫折を味わった。この一ヵ月後のミッドウェー海戦の大敗を受けて、連合艦隊はニューギニア方面での活動を抑制し、作戦計画の再検討、陣容の立て直し、戦術や戦法の見直しを行なうべきであった。

小規模な見直しにとどめる

しかし山本の連合艦隊は、ミッドウェー海戦後も積極攻勢策を改めたようには思えない。ミッドウェー海戦後の連合艦隊の動きを参謀長宇垣纏の『戦藻録』で見ても、空母機動部隊や艦載機の運用に関する研究会ばかりで、どこをどう変えたのかよくわからない。否、ミッドウェー海戦敗北の影響を空母機動部隊にとどめ、ほかには何も変更なしであった。敗北の影響を局部局所にとどめ、取り繕うのが戦争指導と信じていたのか、大がかりな見直しはなかった。『戦藻録』から受けるのは、研究会の出席者は戦闘技術者ばかりで、敗戦の影響が戦争全体に及ぶ視点に欠け、ニューギニア・ソロモンでの作戦を見直すか、開戦以来の積極攻勢策を転換するかといった問題にまで目を向けることがなかった。

さしたる見直しをしなかった海軍だからこそ、連合艦隊司令部が再びポートモレスビー攻略作戦の実施に動くのを傍観していたのであろう。四隻もの主力空母を失った直後だけに、さすがに海路作戦をあきらめるほかなく、陸路攻撃に転換せざるをえなかった。だが海軍陸戦隊だけでは陸路攻撃ができないため、陸軍に部隊派遣を執拗に懇請した。開戦前の計画になかった戦いでもあり、早く大陸での戦いに戻りたい陸軍にとって海軍の要求は甚だ迷惑であった。このときから陸軍は、海軍が起こした南太平洋の人的・物的消耗戦に引きずり込まれていく。

ポートモレスビー攻略計画

海軍機の偵察情報

海軍が陸路によるポートモレスビー攻略作戦を思い立ち、陸軍に実施を迫ったのは、この辺を偵察飛行した海軍機が、ニューギニア北岸からポートモレスビーに向かう一本の道らしきものを見つけたという報告を受けたためである。元来海軍は海岸線に関心があっても内陸部の地形には興味がなく、こうした海軍機による偵察の情報を信じるのは危険が大きかった。ポートモレスビーの前面に横たわるスタンレー山脈、その前後には急峻なアップダウンを繰り返す尾根と渓谷が続いた。現地人の案内とポーターを引き連れた探検行であればともかく、約一万人近い一個旅団相当の完全装備の戦闘部隊がこのコースを進攻するなどというのは、無謀のきわみであった。

無謀な作戦の実施

再び南海支隊に作戦の実施が命じられた。作戦司令部はラバウルの第十七軍で、百《ひゃく》武晴吉《たけせいきち》陸軍中将が司令官であった。支隊長の堀井富太郎陸軍少将は、補給能力と第一線の前進に伴う距離数との詳細な計算結果を提出して作戦の不可を論じたが、精神力を高唱する中央の指導部がこれをはねつけた。十七軍内では参謀長二《ふた》見《み》秋三郎《あきさぶろう》が強く作戦に反対したが、反対者を解任する方法で障碍《しょうがい》が除去された。無謀な点で負けていなかったのは昭和十九年にビルマ戦線で実施されたインパール作戦だが、作戦を強行した牟田《むた》口廉也《ぐちれんや》中将も反対者をつぎつぎに解任して排除し、作戦実施の環境をつくった。無謀な作戦が実施されるに至る主因は、指揮官が人事権を乱用して周囲を追従者のみで固め、部内の歯止め機能が失われたことにあった。

ガダルカナル戦の影響

昭和十七年七月二十一日、ルート調査を任務とする工兵部隊の上陸地点であるブナ出発が事実上の作戦開始になった。現地人のポートモレスビーまでは十日ほどという話を信じ、平均身長一メートル五五センチの日本兵は、十日分の食糧を含む五〇キロ近い荷物を担いでスタンレーの山奥へと踏み込んだ。作戦を狂わしたのは、ポートモレスビー攻略作戦がはじまって半月ほどたった八月七日に勃発したガダルカナル戦であった。海軍が進めていた飛行場建設の完成間近を狙って、米海兵隊が上陸してきたのである。飛行場の建設に当たっていたのは海軍の一〇個設営隊と陸軍の四個飛行場設定隊及び工兵二個連隊の合わせて約三〇〇〇人で、これをわずかな守備隊が守っていた。

米軍の上陸

米上陸軍は、わずか三百数十名にすぎなかった日本軍守備隊を蹴散らし、またたく間に飛行場を占拠した。上陸軍はニミッツの太平洋軍につながるバンデグリフト少将に率いられた米第一海兵師団で、ニューギニア方面で活動していたマッカーサー指揮下の米豪軍とは系統のまったく異なる部隊であった。米軍の上陸作戦は輸送船三一隻、援護の艦船はおよそ六〇隻という大兵力で、ほぼ同じ頃、ガダルカナル島の北方にあるフロリダ諸島ツラギの水上機基地も攻撃された。大本営が立てた連合軍の反攻時期は昭和十八年夏頃という予想を信じて疑わなかった連合艦隊は、米軍の行動を武力偵察か本格的上陸作戦かで判断に迷った。ミッドウェーの大敗という予想外の事態が生じても、大本営・連合艦隊が連合軍反攻時期の予想を変えなかったことは、責められても仕方のない怠慢であった。

トラック島へ急行

山本は、塚原二四三《にしぞう》中将の海軍第二十五航空戦隊を派遣して反撃を開始し、トラック方面にあった三川軍一《みかわぐんいち》中将の第八艦隊にも出撃態勢をとらせた、山本の乗る「大和」は瀬戸内の柱島《はしらじま》にあったが、十七日にトラック島に急行し、第二・第三艦隊も相前後して出撃した。第三艦隊はミッドウェー海戦後にできた新編制の機動部隊であり、第八艦隊も新編制の巡洋艦・駆逐艦から成る艦隊であった。米海兵隊を人質にして米艦隊を引き寄せ、艦隊決戦によって決着をつける企図といわれるが、まだそんな具体策はなく、『戦藻録』の十六日に「ミッドウェーの復讐を期して」とある短い記事が連合艦隊の気持ちをよく伝えている。

効果のあがらない反撃

ラバウルから連日、零戦に護衛された陸攻、艦爆が攻撃に向かうが、艦船や地上の対空砲火に撃墜される機が跡を絶たず、幾らも打撃を与えられなかった。片道一〇〇〇キロ近い距離を飛行し、ガナルカナル島上空には十五分前後しか活動できない無理な飛行が原因の一つで、さらに米軍の対空機関砲の威力が日本軍が考えていた以上に凄かった。また地上目標が多くなる島嶼戦において、日本機の爆弾搭載量の少なさも、反撃に効果を上げない一因になった。

第一次ソロモン海戦

三川の率いる第八艦隊の第六戦隊及び第十八戦隊は、八月九日未明、サボ島とガダルカナル島の間に進入し、前日、日本機に攻撃されて燃え続ける米輸送船の炎の明かりで照らされた周囲の米豪艦に向けて、一斉に魚雷を発射した。砲弾は落下地点に標的がいなければ当たらないが、魚雷は航走する線上に標的がいれば当たるので、ずっと命中率が高い。また魚雷の炸薬量は砲弾より何十倍も多く、当たれば一発轟沈も可能である。大きな砲弾を遠くに飛ばすには巨大戦艦が必要だが、魚雷は自走するので、小型の駆逐艦や魚雷艇からでも発射できる。また大砲は発射の際に閃光を発するが、魚雷攻撃は音もなく行なわれ、間近に迫る航跡を発見したときには間に合わない。大砲に比べすぐれた点の多い魚雷が、米豪の重巡につぎつぎと命中して四隻撃沈・一隻大破、駆逐艦二隻大破という大戦果を上げ、一方、日本側は重巡二隻の小破という一方的勝利になった。これが第一次ソロモン海戦である。

八分の戦果に満足

三川司令官は、大勝利ののち直ちに引き揚げた。いかにも淡泊である。「鳥海《ちょうかい》」艦長は繰り返し敵輸送船団の攻撃を進言したが、三川は聞かなかった。前述したように、総力戦に向かない海軍軍人の潔癖な性格、味方輸送船の護衛・敵輸送船の攻撃に関心がなく、敵軍艦しか目に入らないのが、海軍軍人に共通した特徴であった。真珠湾攻撃でも、のちのフィリピン沖海戦でも同様の現象が起きている。八分の戦果で満足するのが海軍のよき伝統と自負していたようだが、実戦においては意味がない。軍艦といわず輸送船でも漁船でも、敵国船であれば容赦なく攻撃するのが近代の戦いだが、海軍にはこの認識が薄弱であった。

海戦の主役交代

ガダルカナル島への増援軍及び補給物資の輸送をめぐり、日米海軍は八月二十四日に第二次ソロモン海戦、十月十日にサボ島沖海戦、同二十六日に南太平洋海戦、十一月十三日に第三次ソロモン海戦、同三十日にルンガ沖海戦と死闘を繰り返した。日本海軍が勝てばつぎの海戦で米海軍が勝ち、海戦の勝敗は五分と五分であった。海戦の主役であったはずの戦艦は姿を見せず、高速で航行し、魚雷を立て続けに発射して勝負をつける駆逐艦が花形となって活躍し、そして航空機に劣らず激しく消耗した。この間、ガダルカナル島の地上軍に対する米軍側の補給は一度も妨害されなかったが、それでも初期の頃は日本軍と同様に苦戦した。日本側の補給はこれらの海戦によって中止されることが多く、日本軍が次第に追い込まれることになった。

二正面戦の様相

ガダルカナル戦が突然勃発して、一番困ったのは第十七軍司令部である。ポートモレスビー攻略作戦に着手して間もなく起こった戦闘のために、ニューギニアに送るはずの兵員及び補給品を割いてガダルカナルに送らざるをえなくなり、最も嫌う二正面戦になってしまった。また海軍第二十五航空戦隊にしても、両戦場ともラバウルから遠く、二正面の航空作戦を行なわなければならなかった。海軍も陸軍も米軍の攻撃を小規模かつ短期なものと考え、よもや二正面戦になるとは深刻に考えなかった。

ガダルカナル戦の損害

第十七軍は、まずミッドウェー島に上陸するはずであった一木《いちき》支隊九一六人を駆逐艦六隻でガダルカナル島に派遣した。八月二十一日午前三時、一木支隊は夜襲をかけたが、米軍のありったけの火器を動員した火網にはね返された。夜が明けると一木支隊は米戦車・飛行機の攻撃を受け、ジャングルに逃げ込んだ百名ほどを除き全滅した。続いて二十八日、ニューギニアに行くはずであった川口支隊約四〇〇〇人が、駆逐艦と舟艇を使ってガダルカナル島タイボ岬付近に上陸した。上陸地点から目標の飛行場まで約四〇マイル《マイル》もあり、途中は鬱蒼たるジャングルでなかなか前進できず、やっと攻撃地点に達して夜襲をしかけたが、火網というよりは火壁に遮られ、再び全滅に近い損害を出した。

戦艦による陸上砲撃

つぎに派遣されたのが、ジャワ攻略で精鋭を謳われた第二師団であった。山本も作戦の成否が輸送の成否にかかっていると考え、上陸作戦を成功させる目的で戦艦及び重巡による敵飛行場砲撃を命令し、作戦は川口支隊派遣から一ヵ月以上も過ぎた十月十三日と十四日に行なわれた。十三日午後十一時半、栗田健男《たけお》中将の率いる第三戦隊の戦艦「金剛《こんごう》」「榛名《はるな》」が、三式弾九一八発を米軍の占領する飛行場に打ち込み、飛行場は火の海と化した。翌十四日には、重巡「鳥海《ちょうかい》」「衣笠《きぬがさ》」が再び飛行場砲撃を行なった。誇り高い戦艦・重巡が陸上を砲撃するなど海軍史上例がなく、実施までにその乗員に精神的葛藤があった。

上陸作戦の損害状況

しかし翌朝行なわれた輸送船団による第二師団揚陸作戦は、壊滅したはずの飛行場を離陸した米軍機の攻撃を受け、上陸作戦は一部の成功のみで終わった。上陸部隊は、八〇キロ以上も離れた飛行場を目指してジャングルに分け入ったが、連日の豪雨とぬかるみ、夜間の冷え込みに苦しめられ、兵士の中に大木にもたれたまま動かなくなる者、分解した砲身や砲弾を放り出す者が現れた。十日近くかかって、やっと飛行場周辺に辿り着いた第二師団は、二十四日深夜、豪雨をついて突撃したが、ジャングルに道を迷い、飛行場の米軍を攻撃できたのは第二十九連隊の一部だけだった。二十五日深夜から二十六日にかけて突撃を敢行したが、すべての火力をぶつけてくる米軍のためにはね返された。二日間の戦闘で日本軍は五〇〇〇人もの戦死者を出した。

南太平洋海戦

この第二師団の攻撃を支援するため、連合艦隊は近藤信竹《のぶたけ》中将を総指揮官とする大機動部隊を派遣したが、これを迎え撃った米機動部隊との間で、十月二十六日、南太平洋海戦が勃発した。海軍は東京空襲で名を挙げた空母「ホーネット」を撃沈したが、味方空母にも大・中破二隻を出し、決定的勝利を得ることができなかった。機動部隊は、こ

第三次ソロモン海戦

れから昭和十九年六月のマリアナ沖海戦までの一年八ヵ月に及ぶ長い停滞期に入る。

十一月、日本軍は第三十八師団をガダルカナル島に派遣して逆転をはかった。輸送船団を護衛する艦隊がフロリダ島沖に差しかかったところで、十三日午前二時過ぎに海戦が起こった。第三次ソロモン海戦である。敵味方三二隻が入り乱れる大混戦になった。十五日までの間に日本は戦艦「比叡《ひえい》」「霧島」を失い、肝心の第三十八師団の輸送が一部しかできず、作戦目的を達することができなかった。作戦後、戦艦・重巡も戦線を離脱し、こちらも一年半以上もの停滞期に入る。ソロモンにおける最後の海戦は十一月三十日のルンガ沖海戦である。田中頼三少将麾下の駆逐艦八隻とライト少将麾下の重巡四・軽巡一・駆逐艦六の海戦で、戦力的に見れば米側が圧倒的に有利であった。しかし田中の魚雷発射命令のタイミングが良かったため、日本側の勝利に帰した。島嶼戦においては駆逐艦と魚雷が主役であることが証明されたが、勝利の立役者である田中少将は警戒艦を放置したとして解任された。戦いの評価は戦果を基準に行なうべきもので、形ではない。形にこだわるのは中世の騎士道・武士道であって、現代戦にはなじまない。この処分について、山本は反対しなかった。山本も形にこだわる面があり、ミッドウェー海戦に出かけたのも、それが理由であったと思われる。

敗退の責任

ガダルカナル島をめぐる三ヵ月を超える一連の戦闘で受けた打撃は、日本側の方が深刻であった。ガダルカナル島の飛行場奪回に失敗した上に、多くの艦艇と航空機を喪失し、加えて少し早く始まっていたニューギニアのポートモレスビー攻略作戦が直接的影響を受け、補給不足、増援不足に陥って、こちらも退却を余儀なくされたからである。連合艦隊はガダルカナル島には艦隊を繰り返し送ったが、海軍の要請ではじめられたニューギニア戦には一度も艦隊を派遣し応援しなかった。両戦線での敗退は、陸海軍を調整して二正面戦を回避できなかった大本営に大きな責任があった。

大本営における裁断者の不在

大本営は、同陸軍部と同海軍部が同じ部屋に参会した瞬間だけに出現し、人や施設を持つ常設機関とはいいがたかった。戦争中、いくらも開催されず、普段は陸軍部と海軍部が、別々の建物でそれぞれの任務を果たしていた。日清・日露戦争のように陸海軍が別々の戦場で戦っている限りは、これでも十分であった。しかし島嶼戦のように陸海軍が同じ戦場で戦うとき、形式上の常設で、事実上、裁断者のいない大本営では、目まぐるしく変わる戦況に適切な命令を出すことができないだけでなく、戦力の一体化ができなかった。

薄まる山本の存在感

海洋戦から島嶼戦に戦況が移るにつれ、連合艦隊や山本の存在感が次第に薄れる印象を与えるのは何故であろうか。島嶼戦では、陸海空の三戦力を一元的に駆使して、島の確保と制空権・制海権の獲得とを同時に進行させることが望ましかった。海軍だけが頑張ってもだめ、陸軍あるいは航空隊だけでもだめ、三者が連携し、一元的指揮の下で役割を分担し、時には戦力を集中して作戦目的を達するのが島嶼戦を戦う条件であった。これまでのように連合艦隊だけで計画を立て、隷下の戦力だけで戦う方式は島嶼戦では通用しなかった。

艦隊決戦思想の危険性

大本営海軍部が陸軍に対し、南太平洋を決戦場と見て決戦必勝のため全力を使いたい、つまり島嶼戦場を艦隊決戦の場にしたいと提案したのに対して、陸軍側が決戦思想の危険性を強く指摘した。艦隊決戦しか考えない貧弱な作戦立案力に呆れた陸軍の反発ともいえる（戦史叢書『大本営海軍部・連合艦隊〈3〉』三八八—九頁）。艦隊決戦を唯一の目的として存在するといえなくもない連合艦隊は、島嶼戦において機能不全となり、ほかの役割を探さねばならなかった。戦力的に見ればまだ日・米豪との間に大きな開きはなかったが、米豪軍の陸海空戦力を統合してつくり出す力の前には、日本側の劣勢は顕著になりつつあった。

不動の戦策

明治四十年に策定された「帝国国防方針」「帝国用兵綱領」に、海軍の仮想敵国をアメリカとし、小笠原諸島に前哨線を、南西諸島に決戦線を置き、来攻する米艦隊を邀撃撃滅する「艦隊決戦主義」が明記された。「海戦要務令」にも「決戦ハ戦闘ノ本領ナリ、故ニ戦闘ハ常ニ決戦ニ依ルベシ」と規定され、海軍不動の戦策として確立した感がある。日露戦争の結末は、日露戦争だけの諸条件が結び付いた結果であり、同じことは二度と起こりえないにもかかわらず、あたかも普遍的結末でもあるかのように捉える誤りを犯した。のちに潜水艦や飛行機が登場し、若干修正が行なわれたが、潜水艦や飛行機さえも艦隊決戦に必要な漸減手段に変え、むしろ一段と艦隊決戦主義の強化が進められた。将来起こる海戦がどのようなものになるか、誰にもわからない。戦いは相手の予想外の動きによって、開戦前の予想とかけ離れた方向へと進展する。予想通りに展開するなどということは稀で、はずれたときの対応力が組織の実力である。

海軍内部の批判

　海軍にも、艦隊決戦主義に全勢力をかける危険性を指摘する声がまったくなかったわけではない。昭和十六年一月三十日、海軍航空本部長井上成美《しげよし》中将が海軍大臣及川《おいかわ》古志《こし》郎《ろう》に提出した「新軍備計画論」は、艦隊決戦論が必ず生起するとする考えに疑問を投げかけ、決定的ではないにしても、ほぼ否定した画期的内容である。井上は日米が戦闘を交えた場合、

井上成美の意見書

井上成美

米ガ対日戦ニ於テ、英其ノ他ノ国ノ領土ヲ作戦ニ利用スル場合ニ於テハ、此等第三国領土ニ対スル日本ノ攻略作戦ハ是非共必要トシ、……原則トシテハ、帝国領土ニ近キモノヨリ順次ニ足場ヲ固メツツ、歩歩前進的ニ実施セラルベキモノトス

と、海洋での艦隊決戦でなく、日米間にある第三国の領土を攻略して前進する戦いになるであろうとする。第二項「日米戦争ノ形態」では、第三国の領土がどこかを示しつつ、艦隊決戦だけが日米戦ではないと、多少遠慮気味に述べている。

台湾方面、南洋方面、及北海方面ノ基地奪取戦ハ、相互的ノ努力トナル事、勿論ナリ。即チ、日米相互ニ争フ此ノ領土攻略戦ハ、日米戦争ノ主作戦ニシテ、此ノ成敗ハ帝国国運ノ分岐スル所ナリト言フモ過言ニ非ズ、其ノ重要サハ旧時ノ主力艦隊ノ決戦ニ匹敵ス

(『井上成美』井上成美伝記刊行会　資料一一七―九頁)

島嶼戦の意義

「其ノ重要サハ旧時ノ主力艦隊ノ決戦ニ匹敵」の結論で、領土（島嶼）攻略戦は艦隊決戦と同じくらいに重大な意味を持っていると注意喚起している。つまり艦隊決戦の重要性を否定気味に述べ、ほかの形態による戦いがあり、それに目を向けなければならないというのである。艦隊決戦に劣らぬ戦いがあると断言する理由は、

従来ハ、艦隊決戦ハ万事ヲ解決スルモノトナシ、敵モ吾モ、先ヅ決戦ノ機ヲ覗ヒタルヲ以テ、劣等海軍国ナラザル限リ、本項ノ如キ思想ハ容ル、所トナラザリシモ、潜水艦及航空機ノ発達セル今日ハ、吾ニ若シ優勢ナル潜水艦ト航空兵力ヲ有スルニ於テハ、主力艦ヲ含ム艦隊決戦ノ如キハ生起スルコトナカルベシ。何トナレバ、敵主力ノ如キハ、吾ノ航空機活動圏内ニ侵入スルハ自滅ヲ意味スルヲ以テナリ

航空基地の争奪戦

とあるように、潜水艦及び航空機の発達で、とくに航空機の進歩が敵艦隊の動きを封じて、主力艦による艦隊決戦の生起を困難にしたとする。その結果、日米の戦いも航空機が離発着する飛行場をめぐる争いになり、「実ニ敵航空基地ノ奪取、及吾ニ之ガ利用ハ、旧思想ノ敵戦艦ノ撃沈ニモ匹敵スル」と、高い位置付けをしたのである。日米戦が基地航空戦すなわち島嶼戦になるかもしれない予想を文書化したのは井上だけであろう。島嶼戦が単なる陸地の争奪戦ではなく、そこにある飛行場の争奪戦であることまで見抜い

た井上の慧眼《けいがん》には目を見張るものがある。

艦隊決戦と基地航空戦

開戦後の海軍は、島嶼部に進攻するとすぐさま飛行場の建設に取りかかり、完成するや否や基地航空隊を進出させており、井上の指摘を待つまでもなく、島嶼獲得と島嶼飛行場建設の関係をよく理解していた印象を与える。そうなると海軍では、艦隊決戦をそのままに、基地航空戦も行なうとする二本立て方針を目指していたのではないかと考えられる。両者を調整して優先順位を決めるか、あるいは艦隊決戦と基地航空戦とを組み合わせた新たな戦略もしくは戦術の構築を模索するか、が考えられるが、決論をいえば、艦隊決戦に基地航空戦を単純に付け加えたにすぎず、大がかりな戦略・戦術の見直しには手を加えなかった。単純に新たな要素を加算し、それだけでよしとするいかにも日本的手法らしい。その影響は、こののち基地航空戦が激化してくると、貴重な空母艦載機を基地航空戦に振り向けて消耗し、空母機動部隊の弱体化を招くに至る。

空母機動部隊の弱体化

ところで、海軍が島嶼戦や基地航空戦について関心を持っていたとしても、島嶼戦の本質を理解していたことにはならない。日米戦が島嶼戦に発展するきっかけをつくったのは、山本の休みなく攻勢を続ける方針に基づいて行動した海軍である。開戦時に海軍

陸軍への無理強い

が強引に推進したラバウル進出を起点に、幹から枝葉が分かれるようにニューギニアや

ソロモン諸島へと攻勢を続け、勢力圏を広げていった。だが海洋部と違い島嶼部での進攻は、海軍独力では不可能であり、陸軍の力を借りなければならなかった。そのためには陸軍との間で積極攻勢策について合意する必要があったが、少しでも早く大陸に戻りたい陸軍の納得を得るのは困難で、結局無理強いをして陸軍を引き込んだ。

陸海空の三戦力

島嶼戦の目的は島の獲得と飛行場の建設にあり、それゆえ戦いの中心は陸上戦であった。だが島の大部分がジャングルに覆われ、人間の生活圏も海岸地帯に限られるため、戦場も概ね生活圏である海岸地帯に限られた。航空機はいわずもがな、海上に行動する艦艇の砲弾も届くため、陸海空の戦力が島嶼上の戦闘に参加することができた。島嶼戦の本質は、陸海空の三戦力の参加が可能で、そのため三戦力を機能的に活用することによって大きな戦力、火力を生み出した方が優位に立つことにあった。

三位一体戦

ガダルカナル戦を除き、ニューギニア・ソロモンの島嶼戦を指揮した連合軍側最高司令官はニミッツではなく、山本らが戦うことはないと考えていた米陸軍大将マッカーサーであった。マッカーサーは、島嶼戦で採用した戦闘法を三位一体戦とか立体戦とか呼んだが、島嶼戦の性格をよく把握した表現である。三位一体戦を実現するには、陸海空の組織を一元化し、これを機能的、弾力的に運用する統一司令部の設置が必須であった。

日本の劣勢

だが日本の陸軍と海軍は、前述のように別々に天皇に従属する統帥権《とうすいけん》体制の下で対等の位置関係にあり、一方が他方の上位に来ることは許されない仕組みで、制度上、統一司令部の設置は不可能に近かった。このため日本軍では、陸海空の三本の矢を束ねて使用することはほとんど不可能であり、少ない三戦力を束ねて日本軍にぶつかってくるマッカーサーの米豪軍を、圧倒的兵力と見間違えて、次第に劣勢に立たされるようになった。

マッカーサーの指揮力

マッカーサーが率いたのは南西大平洋軍で、彼がこの軍の指揮権を与えられた昭和十七年半ば頃は、米軍兵力よりも豪軍がずっと多かった。破竹の勢いの日本軍に対抗するには、陸海空の戦力を一元化して挑むしかなかった。陸軍の指揮官であったマッカーサーの下に、米陸軍及び豪陸軍、米海軍艦艇及び豪海軍、米陸軍航空隊及び豪空軍が入り、三位一体の戦力を構成した。昭和十七年後半から翌十八年初頭にかけ、いまだ兵力が不十分な下で米豪連合軍は陸海空戦力を一体化し、強力な火力を生み出して、より大きく強く見せることによって日本軍を押し返しはじめた。

日本軍の弱点

統帥権体制下の日本軍では統一司令部の設置が困難なため、陸軍と海軍が協同作戦を行なう場合には協定を結び、それぞれの任務、担当範囲、活動時刻等を取り決める必要があった。だが戦闘には想定外がつきもので、協定にない事態が生じると対応困難になった。陸地や洋上を自在に飛ぶ航空機にとって、陸軍と海軍の担当地域の境界は障碍であり、航空部隊だけでも統一司令部の下に置きたい議が出たときも、統帥権が実現を阻んだ。常識的には陸軍と海軍の力を合わせれば一＋一＝二になるはずだが、統帥権の下での陸海軍は別々の場所か、時間をずらして戦うため、戦場での戦力は一＋一＝一の計算式しか成立しない。この日本軍の弱点が、島嶼戦において致命傷になった。

基地航空隊の活躍

陸上に建設された飛行場の奪い合いになった島嶼戦で、基地航空隊が非常な活躍をしたのは当然である。不沈空母などといわれた地上の飛行場からは、繰り返し航空機が出撃した。基地航空隊には、空母には搭載できない大型爆撃機が多数配備され、それだけに爆弾や燃料の消耗が空母よりも激しく、島嶼戦が消耗戦に発展する所以の一つであった。基地航空隊の消耗を懸念した連合艦隊の強い要請で、南太平洋に縁がなかった陸軍航空隊が内地、満州や内蒙古、ビルマ方面等から派遣されることになるが、集結を終え作戦できるようになるのは、「い」号作戦後の昭和十八年七、八月頃からであった。

海軍機と陸軍機

飛行場建設に従事する海軍設営隊は、ラバウルを手はじめとして、東部ニューギニア、ブーゲンビル等のソロモン諸島につぎつぎと飛行場を建設していった。昭和十七年十一月に、東部ニューギニアは陸軍の担当、ソロモン諸島は海軍の担当という取り決めができて、東部ニューギニアに陸軍航空隊が、またラバウル、ニューアイルランド島カビエン、ブーゲンビル、さらに以東の島々の飛行場には海軍航空隊が展開した。しかし展開が早かったラバウルやカビエンの海軍航空隊は、取り決め後もニューギニア方面で活動した。これに対して進出に出遅れた陸軍機は、ソロモン諸島のレンドバ島に出撃したことが一度あっただけで、連合艦隊や海軍航空隊の不満を募らせた。

米航空戦力の主力

連合軍側の航空戦力は米陸軍航空隊と豪空軍で、主体はケネー将軍の率いる米陸軍第五航空軍であった。グラマン戦闘機で知られる米海軍機は空母が戦場に出撃したときに姿を見せるだけで、米陸軍機が主体であった。日本陸軍機と違って米陸軍機は洋上でも平気で飛行し、日本の艦船を見つければ果敢に攻撃してきた。艦船攻撃能力がない日本の陸軍航空隊と違い、米陸軍航空隊及び豪空軍は艦船に対し魚雷攻撃、水平爆撃、機銃掃射等何でもありで、日本軍を苦しめた。

米陸軍機の特性

日本の陸海軍機と米陸軍機の違いは、日本軍が戦闘機中心の編成で、機体も空中戦による制空権確保に重点を置いていたのに対して、米陸軍機は戦闘機の護衛なしで敵の制空圏内に進航できる大・中型爆撃機主隊で、爆撃機による地上軍の殲滅、艦船の撃沈を狙い、発想がまったく違っていた。島嶼戦が地上戦・海上戦・航空戦の複合戦であるとすれば、いずれにも対応できる米陸軍航空隊の方が有利であった。第一次世界大戦的空中戦に向いた日本の航空機の性格では、投下する爆弾量が少なく、島嶼戦で威力を発揮することができなかった。

艦隊活躍の場が減少

このように基地航空隊を主力とする島嶼戦に様相が変わると、連合艦隊の活躍の場が自ずと少なくなった。ガダルカナル島撤退作戦が終了すると艦隊の出動がなくなり、昭和十九年六月のマリアナ沖海戦まで主力艦隊が出動する作戦がなくなった。山本が近衛《このえ》文麿《ふみまろ》に約したように、連合艦隊は一年ほどは暴れ回ったが、これを過ぎると大型艦は後方に退き、建造費と維持費が釣り合わない任務で歳月を過ごすことになる。

四　山本のラバウル進出

ガダルカナル島撤収

昭和十七年十二月三十一日、大本営御前会議が開かれて陸海軍の意見が一致し、ガダルカナル島からの撤収が決定され、十八年一月四日に大本営命令が発令された。一万を超える将兵を夜陰に紛れて撤収させるため、連合艦隊は、この半年の戦いで最も頼れる艦艇となった駆逐艦を二十二隻も掻き集めて行なうことにした。二十二隻は、連合艦隊がこの海域に投入することができた駆逐艦のほぼ全数であった。

建艦政策の誤り

建艦政策を誤ると、十年後、十五年後に必要とされる艦艇に不足し、多数の無用の長物を抱え込むことになる。小型艦でも多くの機能を備えた戦闘艦ともなると、建造に一年くらいはかかり、日清・日露戦争のような短期戦であれば、完成する前に戦争が終わることも珍しくない。そのため海軍では、長期的展望の下で艦艇を建造し、開戦までに必要量を整備しておくのが伝統であった。しかし長期的展望が歴史の趨勢と大きくかけ離れた場合、どのような状況に陥るか説明するまでもないだろう。海軍は艦隊決戦必然を前提に「大和」「武蔵」の建造に国力を傾けたが、航空戦が主戦になるに及び、これらが無用の長物になった太平洋戦争において、海軍が苦戦を強いられるのは避けられなかった。ことに駆逐艦等小型艦艇の建造を後回しにした建艦政策が苦戦の要因になった。

航空基地攻撃命令

撤収作戦を支援するため、山本は基地航空隊にガダルカナルの敵航空基地の攻撃を命じた。島嶼戦の激化という事態に対して、山本が基地航空隊によって不利な戦況を克服する以外にないことを理解しつつあったことがうかがわれる。参謀長であった宇垣纏の『戦藻録』が山本の一番身近な記録だが、日記ということもあって毎日の事件・出来事に関する記録が主で、構想とか方針、思索内容といった長文になりやすい事柄の記載を避けているのは仕方がない。『戦藻録』が映し出す島嶼戦に直面した連合艦隊司令部の動きは、米軍に開けられた穴に必死でボロ切れを押し込んでいる姿に似ている。積極攻勢策を封じられ、受け身に回わり、得意の奇襲もできないで耐えている姿である。

ダンピールの悲劇

ガダルカナル戦及びポートモレスビー攻略戦に敗れた日本軍は、巻き返しの戦場として再びニューギニアを選び、同島のラエに攻勢軍を乗せた輸送船団を派遣したが、途中で米豪軍機の奇襲を受けて全滅した。これを「ダンピールの悲劇」と呼ぶが、山本はこの直後の昭和十八年三月下旬に第三段作戦方針を決定し、陸海軍の航空兵力を集中してソロモン諸島及びニューギニアの現戦線から攻勢に転じることにした。

重荷となった主力艦

空母部隊をはじめ、日本海軍が手塩にかけて育てた戦艦や重巡の主力艦は今や海軍の重荷になり、次表に取り上げた「昭和十八年の戦艦群の行動経路」が示すように、昭和十九年六月のマリアナ沖海戦まで安全な泊地に逼塞するか、本土と戦地間の輸送業務に従事するのみであった。ニューギニア、ソロモン諸島の戦場に最も近づいたのがトラック島であり、安全な航海しかしていなかったことがわかる。

重巡の活躍

つぎに重巡の行動を、同じく「昭和十八年の重巡の行動経路」で追跡すると以下のようになる。

連合艦隊司令部のあがき

昭和18年の戦艦群の行動経路

戦艦	寄港地
金剛	トラック―佐世保―トラック―横須賀―ブラウン環礁―トラック―佐世保
山城	柱島―横須賀―呉―宇品―トラック―徳山―柱島―横須賀
大和	トラック―柱島―呉―トラック―横須賀―トラック―呉
武蔵	呉―トラック―木更津―横須賀―呉―トラック―ブラウン環礁―トラック

さすがに足の速い重巡は、敵機の攻撃圏内にあるラバウル、ブーゲンビルに寄港することがあったが、しばしば空襲を受けて損傷しており、次第に寄港する機会が減少した。このように昭和十八年になると、主力艦は戦場を離脱し、ほとんどを後方任務で過ごしたことがわかる。これら主力艦を指揮して戦うことを任務としていた連合艦隊司令部は、いわば失業状態に陥り、新しい仕事を探さねばならない立場に立たされた。ポートモレスビー攻略戦の失敗とガダルカナル戦敗退後、陸軍側から、戦線をニューギニア及びソロモンからフィリピン諸島にまで後退させたい旨の提案があったが、これに猛反対したのは山本や連合艦隊司令部の参謀たちであった。戦況の中心から外れることを恐れた連合艦隊司令部は、戦線の維持につとめるほかなかった。

昭和18年の重巡の行動経路

戦艦	寄港地
愛宕	呉—トラック—横須賀—トラック—ブラウン環礁—トラック—ラバウル—トラック—横須賀
高雄	トラック—横須賀—トラック—ブラウン環礁—トラック—ラバウル—トラック—横須賀
羽黒	トラック—横須賀—佐世保—呉—トラック—ブラウン環礁—ブーゲンビル—ラバウル—トラック—佐世保—呉—トラック
利根	トラック—ヤルート—トラック—舞鶴—呉—トラック—横須賀—呉—トラック—ラバウル—トラック—ブラウン環礁—トラック—トラック—呉—トラック

（防研所蔵「行動調書」を基に坂口太助氏作成）

激しい航空消耗戦

主力艦が用をなさなくなった島嶼戦で、連合艦隊が暇を持てあますようになったとき、日・米（豪）間の戦闘は新しい舞台で展開された。海戦がなくなった昭和十八年には再びニューギニアが主戦場になり、両軍の航空隊が激しい航空消耗戦を演じ、陸上では安達二十三《はたぞう》中将の率いる第十八軍とマッカーサー麾下の米豪連合軍が激戦を繰り返した。十八年夏を過ぎると日・米豪の戦力が完全に逆転し、米豪軍が日本軍を圧迫しはじめるが、それまでは両軍の戦力が伯仲し、太平洋戦争の天王山というべき一進一退の戦いが続いた。

戦争の主役を誇示

　太平洋戦争の主戦場がニューギニアに変わったことは、戦争の主役も日米海軍から日・米豪の陸軍と基地航空隊に交代したことを意味した。おそらく山本も、この大きな変動をすぐさま感じ取ったに違いない。連合艦隊の戦力の中で、米豪軍にぶつけられる戦力といえば、海軍の基地航空隊のみであった。そこでラバウルに海軍航空隊を集結させ、戦局の打開をはかりながら、この戦争における主役が連合艦隊であり続けようと背伸びした。

宇垣の『戦藻録』に、

> 然し過去半数の悪戦苦闘に精鋭の士相次で倒れ、日を追って激化する敵の空襲に南東方面の海軍航空部隊は、量質共に低下して今ははかばかしい反撃さへも出来なくなっていた。……此儘に放置しては由々しき大事になる。敵の空軍を制圧して前線への補給を強行し、敵の虚に乗じて敵勢を減殺し、敵の増援を遮断しなければ戦局の前途はまことに暗澹たるものがあると考へた連合艦隊長官は、機動部隊の精鋭を提げて自ら陣頭に立ち、前線部隊を叱咤激励して頽勢の挽回を図らうと決心したのであった。（前篇二八一頁）

とあるように、山本は厳しい戦況を認めながら、自ら海軍の基地航空隊を率い、頽勢の挽回をはかるべく決意した。「機動部隊の精鋭」は、空母部隊の意味でなく、空母搭載の航空部隊の意味に違いない。これを地上基地に派遣し、反転攻勢に出ようというのである。

「い」号作戦

『戦藻録』によれば、山本は非常な決意をもってこの難局に当たる覚悟を固め、航空撃滅計画である「い」号作戦を立案した。そして連合艦隊の決意を示すべく、山本らは「大和ホテル」といわれた戦艦「大和」と同じ、戦艦「武蔵」を降り、ラバウルに前進することにし、四月三日に行動を開始した。

〇七一五艦発長官、参謀長、黒島、渡辺、室井参謀、気象長、暗号長飛行艇二機に分乗、〇八〇〇離水南下、カビエン上空より戦闘機三の護衛を受け一三四〇ラボール着。南東方面艦隊庁舎に入り一時将旗を此処に移揚す。

（『戦藻録』前篇二八〇頁）

長官の降艦

連合艦隊司令長官が旗艦を降り、航空作戦指揮のために地上の施設に移った事実は、単なる移動といえばそれまでだが、日本海海戦における「三笠」の艦橋に立つイメージの定着した司令長官が、艦から降りた意味は大きい。連合艦隊は、第三次ソロモン海戦後に主力艦を戦場から下げたとき、実際上、島嶼戦における指揮を失ったが、それに代わる作戦の方向性が明らかでなかった。昭和十八年初頭に打ち出されたのが基地航空戦

ラバウル行きを渋る

陸上におりた山本司令長官（ラバウル基地）

重視策で、早晩こうした日が来ることは予想されていた。山本が感じ取った変化は、間違いなく三つ目の歴史的節目であった。

のちに、山本がブーゲンビル島上空で撃墜死した直後、打ち合わせのためトラック島の「大和」を訪ねた軍令部第一部一課長の山本親雄《ちかお》は、連合艦隊司令部の参謀から山本長官がラバウル行きを渋っていた話を聞いている。その参謀によれば、山本長官は参謀長以下によるラバウル行きの懇請を、

広大な戦域にわたる大作戦を指揮する最高指揮官は、軽々しく最前線に出るべきではない。アメリカのニミッツを見ろ。彼は真珠湾にひっこんで一歩も出てこぬではないか。ニミッツがみずから最前線に出てくるなら、おれも出かけてもよい。さもないのに、のこのこ第一線に出る馬鹿がいるか。

（山本親雄『大本営海軍部』一三九頁）

ラバウル行きの真相

といって、当初受け付けなかったという。山本の感覚と行動とが一致していなかったことを物語る。山本はニミッツも最前線に出ないではないかと言っているが、ニミッツはガダルカナル戦の将兵を激励するため同島に出かけたことがあるのだが。

国民から軍の指揮を付託された民主主義国家の司令官たちは、部下たちと危険を分かち合っていることをアッピールする狙いから、マッカーサーなどもしばしば最前線に出向き、その姿を写真に撮らせている。だが天皇制の下で天皇に対して責任を負う日本軍の司令官は、どうしても中央の意向や気色に強い関心を向ける癖があり、米軍の司令官のように最前線の将兵との一体感の醸成につとめていたとはいいがたい。山本が最前線の将兵の状況に無関心であったわけではないが、参謀たちが繰り返し懇請するため、根負けしてラバウル行きを決心したというのが真相らしい。

懇請の理由

部下たちが山本のラバウル行きを訴えた理由は、南雲忠一中将に代わって新たな第三艦隊司令長官になった小沢治三郎《じさぶろう》中将麾下の空母「瑞鶴《ずいかく》」「瑞鳳《ずいほう》」「飛鷹《ひよう》」「隼鷹《じゅんよう》」を母艦とする第一・第二航空戦隊と、ラバウルの基地航空隊である第十一航空艦隊の折り合いが必ずしも良好でなく、一致結束させるためには山本長官の出陣を仰がねばならないということにあった。それぞれの司令長官である小沢と草鹿仁一が出向いて話し合えばすむことで、わざわざ山本が出るまでもなかったであろうと思われる。しかし虎の子の空母搭載の航空機まで動員して反撃し、劣勢に傾きはじめた戦いの流れを転換させる作戦の重大性を考慮すると、その前に内輪もめを収め、一致団結の態勢を整えるには、山本の登場が最も効果ありと判断されたのであろう。

大掛りな作戦

ラバウルに着いた山本は、南東方面艦隊司令部庁舎に各戦隊幕僚と各航空隊司令を集め、「い」号作戦計画を検討する会議を開催した。「連合艦隊は異常な決意をもって、本作戦を発足した。この作戦が成功しなければ、南太平洋方面今後の勝算は期せられない」(戦史叢書『東部ニューギニア陸軍航空作戦』二二五頁)というだけあって、作戦に参加する航空機は、空母搭載機が一九五機、基地航空隊機が二二四機、合計四一九機という大がかりなものであった(戦史叢書『海軍航空概史』三〇九頁)。しかし戦闘機が半分以上を占め、爆弾搭載量が少ない艦攻八三機、艦爆八〇機で、海軍の中では爆弾搭載量が最も大きい陸上攻撃機(陸攻)がわずか四五機にすぎず、攻撃能力は弱体であった。海軍が派遣を要求した陸軍航空隊は、まだ偵察機隊などの一部が進出したばかりの状態であったため、海軍だけで実施しなければならないという弱さもあった。

作戦の概要

作戦実施は天候不良のため延期され、ようやく四月七日に開始された。作戦のあらま

「い」号作戦による戦果

月　日	攻　撃　先	日本軍戦果報告
4月7日	ガダルカナル方面	輸送船10隻，巡洋艦・駆逐艦各1隻撃沈，飛行機40機撃墜
4月11日	ニューギニア・オロ湾	輸送船4隻撃沈，飛行機22機撃墜
4月12日	ニューギニア・ポートモレスビー	輸送船1隻撃沈，飛行機26機撃墜，飛行場に大打撃
4月14日	ニューギニア・ラビ	輸送船4隻，飛行機46機撃墜

しは上表のようになる。四月十六日にも作戦が計画されたが、目標が見つからないとして中止され、十四日の攻撃をもって「い」号作戦の終了となった。一般にはソロモン方面が主攻撃対象といわれたが、実際にはニューギニア方面が主攻撃対象であったことがわかる。攻撃対象が二つあったということは二正面戦であり、一目標に対する攻撃が中途半端な結果に終わるおそれが大きかった。二正面戦のジレンマを解決しないまま、しかも作戦の攻撃目標が敵航空隊及び飛行場だけでなく、上表のごとく敵艦船であった可能性もあり、きわめて曖昧というほかない。日本本土の二倍もある広大なニューギニアで敵艦船を発見するのさえ困難であり、輸送船を何隻も撃沈したというのは信じがたい。作戦は「敵の輸送船、艦船、航空兵力、航空基地に大損害を与え、おおむ

ね作戦目的を達した」（前掲『海軍航空概史』三一〇頁）として終了した。だがニューギニアのような広い場所で、焦点の不明確な作戦方針では、大きな戦果があろうはずがなかった。

軽微な米軍の損害

攻撃を受けた米軍側はこの作戦について、マッカーサーの幕僚ウィロビーの『マッカーサー戦記Ⅱ』によれば、

一九四三年四月、日本軍が、四日間に、おのおの七五機ないし一〇〇機の飛行機をもって、三回の空襲をしかけてきた。しかし日本軍は広く分散していた三つの目標に飛行隊をわけ、その攻撃は徹底さを欠いていた。われわれは半ダースの飛行機と二隻の船を失っただけだった。そして日本軍は戦闘機、爆撃機一〇〇機以上の犠牲を払った。（二一一頁）

作戦終了の理由

と、損害の大きかったのはむしろ日本軍の方で、米軍の方は意外なほど軽微であったとしている。米軍が日本軍の攻撃が分散し、徹底さに欠けていると評しているのは、作戦計画の欠陥をついたもので、山本あるいは連合艦隊の島嶼戦における指揮のまずさを指摘したものとも受け取れる。作戦終了が目標なしという珍奇な理由は、作戦が計画通りに進展しなかっただけでなく、不慣れな作戦にまごついていた実態を如実に物語ってい

る。おそらく米軍の対空射撃を受けて出撃のたびに大きな損失を出し、急ぎ理由を見つけて終了しなければならなかったのが真相と思われる。開戦当初、米海軍を恐れさせた零戦も、頑丈な米陸軍爆撃機には通用しなかっただけでなく、飛行場等の地上目標に対する攻撃力が著しく劣る海軍航空機では、島嶼戦で大きな威力を発揮するのは困難であった。

航空戦に対する認識

長い間、旗艦をつとめる戦艦を離れることがなかった連合艦隊司令長官の一人である山本が、艦を降りて地上の飛行場で指揮をとる姿は、まさに戦艦から飛行機に戦争の主役が代わった歴史を象徴している。部下に促されたとはいえ航空戦の最前線に出向いた山本の決心は、歴史の流れに取り残されそうな苦境にある現実を認識したという意味で評価に値する。「い」号作戦終了後に開催された研究会に出席した山本は、勝敗は航空戦の成否にあり、航空部隊の一層の奮闘を期待すると訓示したが（前掲『海軍航空概史』三一〇頁）、その認識は間違ってはいないものの、航空部隊を活躍させるには飛行機の部品・武器弾薬・燃料等の補給、飛行場補修、通信、気象等の後方支援が不可欠であった。国力が直接反映するこうした後方支援について、山本がどこまで理解していたか、訓示の内容からそれをうかがわせるものはない。

五　山本の戦死

前線を巡視

「い」号作戦終了後、ブーゲンビル島ブイン、ショートランド、バラレ方面への巡視を言い出したのは山本自身であったといわれる。目的は、多くの犠牲を払ったガダルカナル戦を終え、ブーゲンビル島に撤退してきた百《ひゃく》武晴吉《たけせいきち》司令官をはじめとする陸軍第十七軍の労をねぎらうためであった。無理を頼んで増援部隊を出してもらった陸軍に対する、いかにも山本らしい律儀な気遣いから出た巡視であった。

巡視計画

参謀長以下七名を連れて一式陸攻二機に分乗し、護衛に零戦六機だけを付け、早朝にラバウルを出発し夕方までに帰ってくる計画であった。第三艦隊司令長官小沢も第十一航空戦隊司令官城《じょう》島高次《じまこうじ》少将も巡視の中止を強く進言したが、山本は聞き入れなかった。やむなく小沢らは、山本が信頼する黒島亀人《かめと》参謀に護衛機を付け加えたいと勧めたが、黒島がこれを握りつぶした。ラバウルの指揮官たちがこの飛行計画を非常に危険視したのに対して、山本や彼の幕僚らはこれを少しも危険だと思わなかったらしい。長い間、トラック島の大和ホテルで過ごしてきた山本や参謀等には、一秒の油断も命取りになる最前線の厳しい航空戦が実感できなかった。

暗号発信

山本の巡視計画は、連合艦隊参謀がまとめ、宇垣参謀長が承認したのち、ラバウルの第八通信隊が持つ放送通信系とＮＴＦ一般短波系の二波を使用し、しかもご丁寧に二回も発信された（原勝洋「山本五十六の戦死―暗号戦の敗北―」、『山本五十六のすべて』二一三頁）。二波を使っただけでなく、それぞれ二回ずつ発信すれば、よほど重要な電文であることを自ら宣言しているようなものである。たとえ暗号が絶対に解読不能であったとしても、その電文の重要性を察知されるような打ち方をしてはならなかった。しかも電文は長く、その事実も相手に電文の重要性を暗示させた。山本の幕僚たちは、二つの大きな過ちを犯していたのである。米軍が山本のラバウル進出をすでに察知していたとすれば、この長文の電文を山本に関するものではないかと判断して、それこそ全力で解読に当たったに違いない。左記がその電文の主要部分である。

巡視の行程

連合艦隊長官、セツア（註・四月十八日）左記ニ依リRxZ（註・バラレ）、RxE（註・ショートランド）、RxP（註・ブイン）ヲ実視セラル
〇六〇〇中攻（戦闘機六機付ス）ニテRR（註・ラバウル）発、〇八〇〇RxZ着、直ニ駆潜艇（予メ一根ニテ一隻ヲ準備ス）ニテ〇八四〇RxE着、〇九四五右駆潜艇ニテRxE発、

一〇三〇RxZ着（交通艇トシテRxEニハ大発、RxZニテハ内火艇準備ノコト）一一〇〇RxP着、一根司令部ニテ昼食（二十六航空戦隊首席参謀出席）一四〇〇中攻ニテRxP発、一五四〇RR着

最前線の実情を無視した計画

この次に（二）実視要領、（三）各部隊指揮官の服装、（四）天候不良の際の一日延期が続いている。この内容から見て、司令長官を遇する形式に則って、一連の行事を万事時間通り・型通りに、そつなく進めようとする幕僚や副官の意識が強く働いている。おそらく副官が、その役目として巡視のスケジュールを立てたのであろう。不自由が常の最前線に来てまで平時のように綿密なスケジュールを立て、これを関係機関に周知徹底させる行為は、敵と向き合っている最前線には迷惑な話である。電文の打ち方といい、電文の内容といい、最前線の緊迫感が欠如しており、巡視の円滑な実施のことばかりに目が向けられていた。

米軍の暗号解読力

六十年以上を経ても、山本の巡視計画を伝える暗号電文が米軍に解読された経緯を完全に解明することはむずかしい。今日まで明らかになった点を総合してみると、日本側の異常な発信方法と長い電文とによって、その内容の重大性を察知した米軍は、ラバウルを中心に上級機関から下級機関へと再発信されるあらゆる無線電信をくまなく収集し、

これらをハワイの米海軍通信諜報部が総力を上げて解析に取り組んだ。その結果、ほぼ完全な解読に成功したといわれてきた。

暗号解読の経緯

ところが近年、原勝洋氏によって、米国立公文書館の文書調査から米軍が解読に至る経緯が明らかにされた（「東京新聞」平成二十年九月二十八日）。それによれば、米軍は四月十三日付で南東方面艦隊発の電文、翌十四日付第八根拠地隊発の電文の解読によって、山本の巡視計画を知った。解読できたのは、海軍が二ヵ月前に使用をやめたはずの「波一乱数表第二号」を使っていたためであった。この一ヵ月前の一月二十九日、伊号第一潜水艦がガダルカナル島カミンボ沖で補給作業中に米艦艇の攻撃を受けて沈没したが、米軍は潜水夫をこの艦に潜らせ「第二号」を入手していたのである。乱数表が手に入り、しかも乱数表通りの電文が打たれていれば、解読は造作もなかった。

暗号漏洩の原因調査

海軍が情報管理に粗雑であったわけではない。暗号の漏洩が疑われる事件が起こった場合、日本人の性格からくる対策は、操作や手続きを複雑にし、運用を細分化することである。しかし何が起こるかわからない戦場では、こうした対策は予想外の事態に対する対応力を弱め、漏洩の危険性を高めるだけであることに気づいていない。

山本が遭難したのち、海軍は暗号漏洩を疑り、大慌てで漏れた可能性を一つ一つ点検した。まず現地の南東方面艦隊司令部及び第一通信隊が調査を開始し、発受信記録について精査した。調査は戦隊司令部以上が対象で、それ以下については可能性が低いとして見送られた。主な調査項目は乱数表の漏洩であった。遭難事件よりずっと前の二月十五日、それまで使用してきた「波一乱数表第二号」から同「第三号」に更新、さらに四月一日に「第四号」に更新している。「第四号」は航空便で配布したばかりで、この航空機が行方不明になった情報がないので、これが漏れたことはありえなかった。そうなると「第三号」が怪しいと考え、流出の可能性を追求した。だがまだ「第二号」が使われていたのである。戦場が遠く広がれば、中央の指示が末端にまで行き渡らない場合があっても何も不思議でない。新旧の交代には、相当の時間がかかることを承知していなければならない。それよりも、使われなくなったはずの「第二号」が、まだ使用されていた事実さえ究明できなかった調査能力の方が重大である。

ラバウルから出撃する航空機を見送る純白の軍装の山本の写真は、周囲の将兵が略服か飛行服でいる中では一際印象的である。しかし最前線であるだけに、なぜ白の軍装を通したのか疑問がないわけでない。出発の朝、一式陸攻に乗り込む山本は、昨日までと打って変わって緑色の第三種略服であったから、なおのこと白の軍装であった理由がわ

P38型戦闘機

巡視出発

からない。十八日午前六時五分、山本らを乗せた一式陸攻二機が相ついでラバウル東飛行場を飛び立った。その二十分ほど前の五時四十分（日本・中央時間）、ジョン・ミッチェル少佐が率いる米陸軍航空隊のＰ38型戦闘機一八機が、ブーゲンビル島南端に近いバラレ島に着陸する十分前に山本の搭乗する機を襲うべく、ガダルカナル島のヘンダーソン飛行場を離陸した。日本側が放った詳細な電文のお陰で、一瞬の遭遇にかける分単位の作戦計画が立案できたのである。途中、二機が故障のために引き返し、一六機が予想遭遇地点へと近づいた。

一式陸上攻撃機

速力が遅い一式陸攻が高速のＰ38に遭遇したとき、急降下して地面を縫うように飛ぶか、近くに雲があればその中に逃げ込むか、いずれかの方法で危機を脱するしか道はなかった。雲に逃げ込むことができれば危機脱出成功の確率が高くなるが、この日は運悪く、いつも島の上にある雲がほとんどない快晴であった。山本を乗せた飛行隊は高度二〇〇〇メートルでブーゲンビルの山並みを巻くようにバラレを目指した。ミッチェルの飛行隊は日本機より低い一五〇〇メートル、しかも太陽に向かって飛んでいた。

米軍機の襲来

バラレまであと十五分ほどの地点で、米軍機は陽光を受けて輝く日本機を発見した。発見するやいなや、手はず通りランファイヤー大尉の率いる四機が一気に五〇〇〇メートル以上まで急上昇し、そこから急降下して一式陸攻へ突っ込む態勢をとった。その間、他の一二機は護衛の零戦の始末に当たることになっていた。ランファイヤーは一機と知らされていた一式陸攻が二機も視界に入り慌てたが、二機とも落とすことを後続の三機に指示した。ランファイヤーは、零戦の妨害を振り切りながら前を飛ぶ一式陸攻に照準を合わせ機銃弾を撃ち込んだ。双発のＰ38は中央の胴体前面に機関砲を束にして装備し、命中したときの破壊力が大きかった。燃えやすい機として連合軍側に知られていた一式陸攻は、命中弾を受けるとたちまち主翼の付け根付近から火を噴き、ついで右翼が折れて失速し、浅い角度でジャングルに落ちていった。もう一機は急速旋回を何度も繰り返して致命的打撃を受けなかったが、ついにエンジンに被弾して海面に激突した。

山本の最期

一機目に山本が乗り、二機目に宇垣参謀長が乗っていた。ランファイヤー機の銃撃のうち、二発が山本の頭部と胸部を貫通し、山本は機内で即死したと推定されている。宇垣は海上に浮き上がったところを、付近にいた日本兵に助けられた。墜落した山本機を最初に見つけたのは、第六師団第二十三連隊道路設営隊長浜砂盈栄《はすなみつよし》少尉で、山本の最期を次のように報告している。

軍刀ヲ左手ニテ握リ、右手ヲソレニ副エ、機体ト略々並行ニ頭部ヲ北ニ向ケ、左側ヲ下ニシタ姿勢デ居ラレマシタ。御遺骸ノ下ニハ座席クッションヲ敷キ、少シモ焼ケテハ居ラレマセンデシタガ、左胸部ニ敵弾ガ当ッタモノノ様デ血ガナガレテ居リマシタ。

（児島襄『太平洋戦争（下）』二六頁）

甲事件

山本は敵機が現れたと聞いても慌てるでもなく、日本刀を握り、無言かつ不動の姿勢を保っていたらしい。いつでも死ねる覚悟ができており、肝が据わった人物らしい姿勢であった。その刹那、顔面と胸部にそれぞれ銃弾が貫通して戦死というのが山本の最期であったと推測される。海軍ではこれを甲事件と呼んだ。遺体は遭難地に赴いた連合艦隊参謀渡辺安次《やすじ》中佐が引き取り、四月二十一日、ブイン近くで死体検案が行なわれた。この経緯について諸説があるが、ここでは詮索しない。その日、簡単な葬儀がとり行なわれ、遺骸は荼毘に付された。

情報漏洩の究明の失敗

山本の死はしばらく秘密に付され、偽電報を打つなどして米軍が引っかからないか試してみたが、何の反応もなかった。一方米軍側も、山本機撃墜を偶然に生じたように見せかけるため、これからしばらく毎日のようにブーゲンビル島周辺を飛行して偽装につとめた。日本側の偽電報にも乗せられないように注意し、日本側に暗号漏洩を疑わせる行動を避けた。日本側の大がかりな調査にもかかわらず、漏洩は発見されなかった。絶対に解読不可能という思い込みが真相究明を歪め、調査活動の障碍になった。

山本の後任

山本の遺骨を安置した新しい旗艦「武蔵」は、泊地に錨を降ろした各艦の登舷礼を受けながら本土に向けトラック島をあとにした。国内では後任選び、故山本の処遇に関する手続きが進められ、また葬儀の準備が大急ぎで行なわれた。後任には山本より二期後輩の古賀《こが》峯一《みねいち》が任命された。

古賀峯一

古賀の戦争中の経歴を見ると、開戦時に支那方面艦隊司令長官で、昭和十七年十一月に横須賀鎮守府《ちんじゅふ》長官に転じているが、まだ米海軍とは一度も干戈を交えたことがなかった。この時点で一度も米軍を見たこともない将官が山本の跡を継ぐことは、少々荷が重すぎたきらいがある。海軍も陸軍も、国家の命脈が尽きようとする刹那にもかかわらず、相も変わらず人事については期別、席次を重んじ、職種、戦闘経歴などをもとに抜擢人事に踏み切ることはなかった。期別や席次など度外視して、日本の運命を託せる人物を発掘する破天荒でもしない限り、追い込まれつつあった戦況の好転を期待するのはむずかしい。ひたすら軍政畑を歩いてきた山本と違って、古賀は軍令部や海上勤務が十分にあり、作戦について山本よりも経験豊かであったかもしれない。しかし日米戦開始後、対米戦に直接関係しないのんびりしたポストにずっといただけに、突然日米航空戦の渦中に身を置くはめになったとき、あまりのスピーディーな戦況の変化にとまどったであろう。

トラック島とラバウル

昭和十九年二月十七日にトラック島がスプルアンスの機動部隊の大空襲を受けて、壊滅的打撃を受けたとき、東京にいた古賀は即座にラバウルの全航空戦力のトラック島への移駐を命じた。古賀の判断に、連合艦隊司令部、海軍省、軍令部の誰もこれに反対した形跡がない。トラック島は連合艦隊の重要な前線根拠地であったが、空襲を受けるまで直接戦闘に巻き込まれたことはなかった。これに対してラバウルは、戦いが島嶼戦に変化するとともにソロモン、ニューギニア戦の指揮中枢、航空戦の一大前線基地、兵員・物資の集結・配分の後方基地として、すでに二年近くもの期間にわたり米豪軍との激戦を支えてきた陸海軍の一大前線根拠地であった。おそらくラバウルの諸機能及び海軍航空隊がなければ、ソロモン及びニューギニアの戦いは短期に総崩れになり、昭和十八年の戦いは成立しなかった公算が大きい。

フィリピンを目指すマッカーサーが東部ニューギニアから西部ニューギニアになかなか進攻できず、二年以上もかかった要因の一つは、明らかに海軍ラバウル航空隊の存在であった。ところが古賀だけでなく海軍中央の指導者層は、この戦いの流れが判断できなかった。開戦以来の戦いの構図と流れについて、正しく理解できていなかった。主力艦を南太平洋から引き揚げた時点から、海軍の指導者は戦いの趨勢が見えなくなってしまったとしか思えない。局地的戦争の分析はどうにかできても、大戦の大きな流れがつかめない状態に陥ってしまったのであろう。

ラバウル航空隊の引き揚げ

昭和十八年に至り連合艦隊麾下の艦隊は、戦いの本流からはずれた。戦闘が基地航空隊を軸に展開されたため、ラバウル航空隊を作戦させることによって、連合艦隊司令部はどうにか島嶼戦に係わる地位を保つことができた。古賀及び参謀等がラバウル航空隊を引き揚げてトラック島に移転させた命令は、トラック島がラバウルより重要であると考えていた証で、これまでのラバウルを中心として展開されてきたニューギニア・ソロモンの島嶼戦の流れが少しも理解されていなかったことを示している。

米軍の西進加速

ラバウル航空隊がいなくなると、マッカーサーは直ちにビスマルク海の要衝アドミラルティー諸島を攻略し、フィリピンに通じる海域を押さえた。その後は得意の飛び石作戦を駆使して西部ニューギニアを半年間で通過、ニューギニアとフィリピンの中間にあるモロタイ島に大航空基地を建設し、ラバウル航空隊移動から八ヵ月後にレイテ上陸を果たした。古賀のラバウル航空隊移動命令が契機となって、マッカーサーの西進が急加速したことは否定の余地がない。古賀ら海軍の指導者たちは、なぜ山本がラバウルまで出向いて指揮をとったのか、少しもその意味を考えたことがなかったように思えてならない。

戦死を発表

東京青山の山本の家族に戦死が知らされたのは五月二十日で、山本の無二の親友であった元海軍中将堀悌吉《ていきち》が海軍省の使者として悲しい報告を持ってきた。大本営は、翌日の二十一日午後三時の臨時ニュースで山本の戦死を発表した。殉職でなく戦死というのは、連合艦隊司令長官が戦場で死亡したことを意味した。

連合艦隊司令長官海軍大将山本五十六は本年四月前線において全般作戦指導中敵と交戦飛行機上において壮烈なる戦死を遂げたり、後任には海軍大将古賀峯一親補せられ既に連合艦隊の指揮を執りつつあり

讀賣報知

軍艦旗の榮光の下に

噫山本聯合艦隊司令長官

四月前線に指導交戰中
壯烈・飛行機上に戰死

後任は古賀峯一大將

聖恩畏し元帥の稱號
大勳位功一級に敍せられ
特に國葬を賜ふ

日本海上火災

必勝

武勳

山本戦死の報道（『読売報知』昭和18年5月22日）

午後五時、情報局から山本に正三位《しょうさんみ》、大勲位《だいくんい》、功一級、元帥《げんすい》の称号及び国葬を賜う、の発表があった。普通、生前の階級や補職名が親しまれ、死後に追送された称号や特進の階級が巷間に浸透する例は少ない。山本の場合、「連合艦隊司令長官山本五十六」とか「山本司令長官」と呼ばれる以上に、「山本元帥」の称号で親しまれることが多い。死後の称号や階級で呼ばれるのはひとえにマスコミの力に負っており、死後にマスコミが「山本元帥」と呼んで取り上げることが多かったためであろう。歴代の司令長官で、東郷平八郎についで山本が日本人に親しまれる一因は、在職期間が比較的長かっただけでなく、たまたま開戦時の長官で、真珠湾《しんじゅわん》攻撃を大成功に導いた立役者をマスコミが大きく取り上げることが多く、山本の人物像もこの中で形成された。

国葬の儀は五月二十七日の墓所地鎮祭から六月五日の斂葬《れんそう》墓所祭まで続いた（山本義正『父・山本五十六』光人社二〇〇八頁）。斂葬は奇しくも東郷平八郎の国葬と同じ日であった。葬儀委員長は、山本と志を一にした米内光政《よないみつまさ》がつとめた。墓所は東京郊外の名誉墓地と呼ばれていた多磨墓地で、東郷平八郎のすぐ左横であった。のちに古賀峯一が山本の左横に埋葬されたため、山本の墓が真ん中でそびえ立っている。墓石の文字は米内が書いたものである。なお家族の強い希望で分骨が行なわれ、長岡市長興寺にある名跡《みょうせき》を継いだ山本家の墓の一角に埋葬された。そのすぐ近くには、詩人堀口大学の墓もある。

山本五十六の墓（長岡市長興寺・山本帯刀の墓と並ぶ）

マッカーサー軍

敗戦後の日本に上陸し、全土を占領したのは、マッカーサー隷下の第六軍と第八軍であった。どちらもニューギニアで戦いながら成長した。日本がポツダム宣言を受諾したため本土決戦がなくなったが、もし本土決戦が行なわれていれば、第六軍が南九州に対するオリンピック作戦、第八軍が湘南地方に対するコロネット作戦を実施するはずであった。

ニューギニア戦の意義

戦後日本では、マリアナ諸島や硫黄島《いおうとう》に進攻した米海軍の動きばかりが取り上げられる。しかし日本本土に攻め込むはずであったマッカーサー軍については、フィリピン戦を取り上げることがあっても、ブーゲンビル島やニューギニアを主とする島嶼戦について触れることがほとんどない。海軍及び連合艦隊が主役の座を降りた島嶼戦への転換と、それ以降の島嶼戦が欠落したままである。マッカーサーはニューギニアを突破するまでに二年以上もかかり、レイテに上陸できたのは昭和十九年十月であった。これほどまでに時間がかかったのは、ニューギニアの陸軍とラバウルの海軍航空隊の敢闘であった。山本が育てた海軍航空隊は、ラバウルにおいて最高の真価を発揮した。

古賀の連合艦隊司令部も海軍中央の指導者たちには、ニューギニア・ラバウルを軸とする島嶼戦の流れ、戦争全体の流れが読めていなかったとしか思えない。井上成美が予言したごとく島嶼部の飛行場をめぐる戦いに変質し、主力艦隊に代わって航空隊が主役になるのは、山本にとって長い間待ち続けた願望でもあった。しかし連合艦隊司令長官ともなると、明治時代以来継承されてきた艦隊決戦主義を一気に否定もできなかったし、連合艦隊の枠組みや司令部の非近代性を壊すこともできなかった。その間、歴史の節目が矢継ぎ早に現れ、山本をもってしても歴史の流れに順応できなかった。

山本の発想力

軍事技術の発達につれて、軍事思想も変わらねばならない。変化を自然にまかすのも一方法だが、創造力・発想力による独創的転換こそ、戦争という厳しい状況を生き抜く最善の方法であった。山本には日本人に欠けているこの能力があったが、残念ながらそれを発揮しないまま戦死してしまった。

おわりに――死後の山本に対する評価

名提督の双璧

東郷平八郎《とうごうへいはちろう》と山本五十六が名提督の双璧とされている。東郷の場合は、日露戦争の最後の方で決定的勝利を収めたことによって名声を確立した。一方、山本はその正反対で、開戦劈頭《へきとう》の真珠湾攻撃で華々しい戦果を収め、その後、四ヵ月間、勝ち続けたが、あとはじりじりと後退する一方であった。日本が劣勢に立たされはじめたところで戦死を遂げ、敗軍の将にならずにすんだ。

名声の根源

凱旋将軍になった東郷の名声には文句のつけようがない。だが山本は、戦死しなければ敗軍の将になっていた可能性が大きいだけに、名声を博す理由がどこにあるのかよくわからない。山本について多少の知識を有する者に問えば、おそらく百人百通りの答えが返ってくると思われ、彼の名声の根源がどこにあるのか決め手がない。

常勝の将軍

開戦以前に、山本の名が国民の間に知れ渡るようになるのは連合艦隊司令長官になってからであろう。それ以前においては、海軍に属していれば知らぬ者はいなかったかもしれないが、国民にすれば、定期的に交代する航空本部長や海軍次官の一人として彼の名を聞いたにすぎなかったであろう。とすれば山本の名が国民の間に浸透するのは、開戦前後の短い期間と考えてよさそうである。

山本の名が国民に対して強烈にアッピールしたのは、真珠湾攻撃成功のニュースであった。これ以降、国民が聞く大本営海軍部の発表は敗戦の日まで連戦連勝のニュースばかりで、一度も負けたという話を聞くことはなかった。昭和十九年になると、「玉砕」のニュースによって戦闘が本土に近づいていることを察して、日本軍が苦戦しているらしいと感じた日本人が少なからずいたといわれるが、山本が戦死した昭和十八年五月はまだ戦場がほとんど後退せず、いわば最大版図を誇っていた。それゆえ国民は、常勝の提督として山本の名を脳裏に焼き付けた。いわば日本軍が一番よかった頃の象徴として、山本の名を刻んでいたのであろう。

戦後日本人の自尊心の支え

戦後になってミッドウェー海戦以降の敗北を知らされたが、真珠湾攻撃を成功させた山本として、いささかも名声に傷が付くようなことはなかった。むしろ敗戦によって自信を失った日本人が、アメリカに一矢を報いた提督として、新たな価値を付けて山本を讃えるようになった。現実は日本の惨敗であったことを認める日本人も、歴史という空想的要素が出入りする世界の中で、日本軍が勝っていた頃、その先頭に山本が立つ光景を想像して、街頭を走る占領軍のジープを横目で睨みながら、負けた悔しさを少しでも拭い捨て、自尊心を支えてきたのではあるまいか。

絵になる将星

もっと意地悪な見方をすれば、太平洋戦争期における陸海軍の将官の中に、山本のように絵になる将星がいなかった。ある時代を語るとき、その時代を代表するキャラクターに重ねて連想しようとすることがあるが、太平洋戦争においては山本に勝る存在が見当たらない。みな同じ力量で、誰に指揮を任せても同じ結果を出す人材ばかりのような印象を受けるが、これこそ兵学校や士官学校、海大や陸大が目指した教育なのだろう。

そんな中で山本は少し違っていた。戦後マスコミを通じて知らされたのは、陸軍にはっきりものを言い、この戦争は苦しいと答え、前線の将兵と一緒に戦う国民が待望してきた名提督像であった。この山本に関する紹介がどこまで当たっていたかはともかく、国民の気持ちに合致したことだけは確かである。

山本をマスコミがつくった偶像とはいわぬが、彼の戦績と名声が不釣合であることは否定できない。キャラクターの力で名を残す例はないではないが、戦争の指揮をとった者に対しては、戦績に基づいて評価すべきである。いまだ太平洋戦争の戦いには、史料批判に基づく検証がなされていないゆえに、戦績に比例しない評価が多い。筆者は、山本もそうした一例であると考えている。

高野家家系図

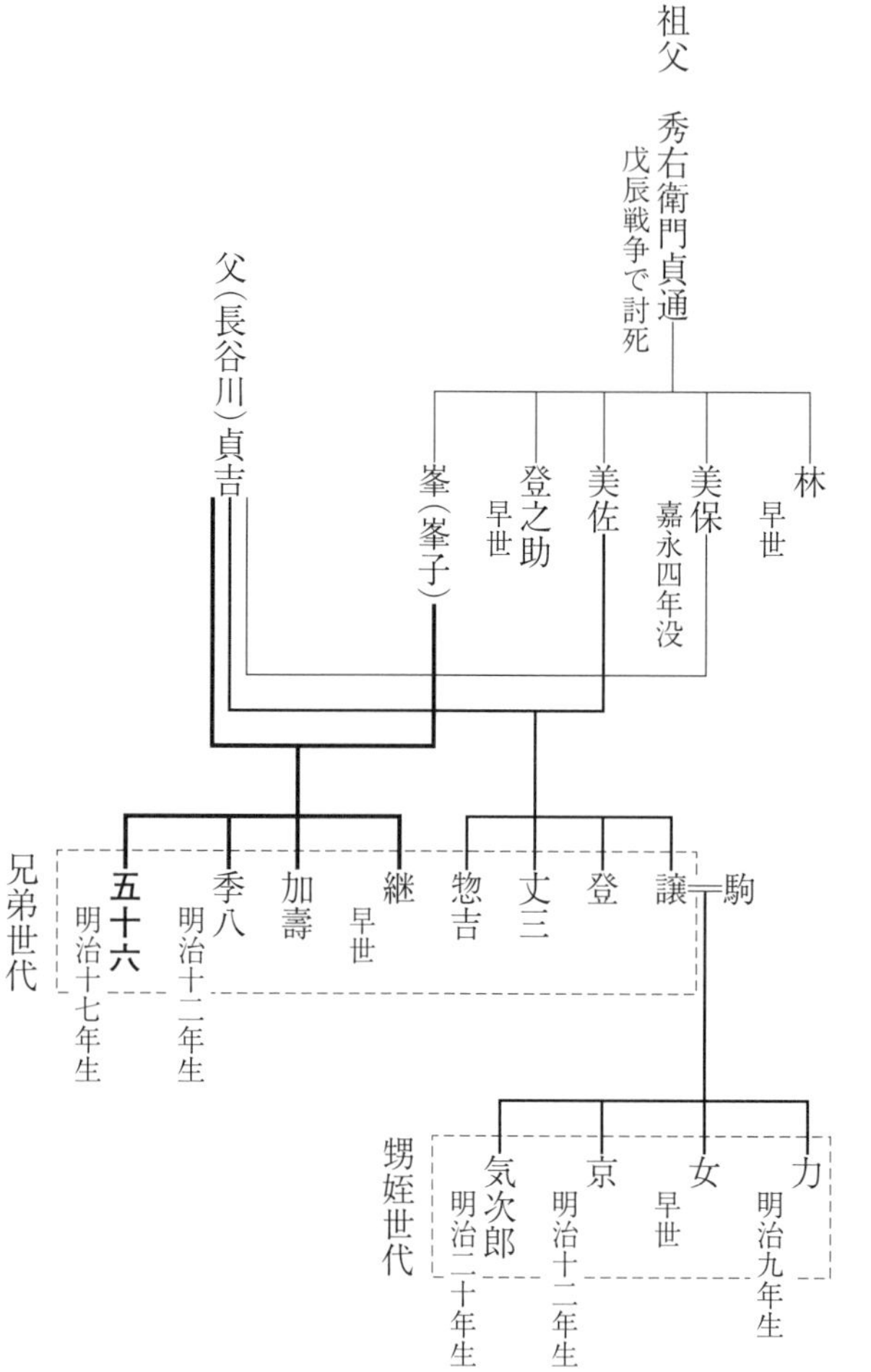

祖父　秀右衛門貞通
戊辰戦争で討死
林
早世
美保
嘉永四年没
美佐
登之助
早世
峯（峯子）
父（長谷川）貞吉
譲
駒
登
丈三
惣吉
継
早世
加壽
季八
明治十二年生
五十六
明治十七年生
兄弟世代
力
明治九年生
女
早世
京
明治十二年生
気次郎
明治二十年生
甥姪世代

山本家家系図

義路、帯刀
安田家より養子
慶応四年陣没

五十六
大正五年、山本家の
名跡継承

＝禮子

三橋康守＝きく
（禮子の父母）

五十六・禮子の子：
義正
澄子
正子
忠夫

略年譜

年次	西暦	年齢	事蹟	参考事項
明治一七	一八八四	一	四月四日、新潟県長岡で父高野貞吉の六男として誕生	六月二三日、清仏戦争始まる
明治二九	一八九六	一三	県立長岡中学入学	
明治三四	一九〇一	一八	江田島の海軍兵学校（三二期）に入学	九月七日、義和団事件最終議定書調印
明治三七	一九〇四	二一	海軍兵学校卒業、海軍少尉候補生として近海巡航	二月一〇日、日露戦争始まる
明治三八	一九〇五	二二	一月三日、装甲巡洋艦「日進」乗組○五月二七日、日本海海戦で重傷○八月三一日、海軍少尉となる○横須賀鎮守府付で負傷療養	五月二七〜二八日、日本海海戦で連合艦隊大勝利○九月五日、米国ポーツマスで日露講和議定書調印
明治三九	一九〇六	二三	二月二四日、巡洋艦「須磨」乗組○八月三日、戦艦「鹿島」乗組○一二月二〇日、海防艦「見島」乗組となる	二月一〇日、英国でド級戦艦進水
明治四〇	一九〇七	二四	四月二二日、駆逐艦「陽炎」乗組○八月五日、海軍砲術学校入校○九月八日、海軍中尉○一二月一六日海軍水雷学校入校を命ぜらる	二月一六日、米上院、新移民法案可決○七月三〇日、第一回日露協約調印○八月三一日、第三次日韓協約調印、英仏露三国協商成立

明治四一	一九〇八	二五	四月二〇日、駆逐艦「春雨」乗組○六月一五日、第一回日露協約調印巡洋艦「阿蘇」乗組となり北米巡航	一一月三〇日、高平・ルート協定成立
明治四二	一九〇九	二六	一〇月一日、練習艦「宗谷」分隊長心得で豪州巡航○同月一一日、海軍大尉・「宗谷」分隊長となる	一〇月二六日、伊藤博文、ハルビンで暗殺される○一一月六日、米国務長官、満州鉄道中立化提案
明治四三	一九一〇	二七	一二月一日、海軍大学校乙種学生を命ぜらる	八月二二日、日韓併合に関する日韓条約調印
明治四四	一九一一	二八	五月二二日、海軍大学校乙種学生修了・海軍砲術学校高等科学生を命ぜらる○一二月一日、同校修了、海軍砲術学校教官兼分隊長・海軍経理学校教官を命ぜらる	七月一三日、第三回日英同盟協約調印○九月、駆逐艦「海風」重油専焼・混焼ボイラ設置○一〇月一〇日、辛亥革命始まる
大正元	一九一二	二九	一二月一日、佐世保予備艦隊参謀となる	七月三〇日、明治天皇崩御、「大正」に改元
大正二	一九一三	三〇	二月二一日、父貞吉死去○八月二七日、母峯子死去○一二月一日、巡洋艦「新高」砲術長	二月六日、軍隊教育令公示○六月一三日、陸海軍大臣・次官の現役条件廃止
大正三	一九一四	三一	五月二七日、横須賀鎮守府副官兼参謀○一二月一日、海軍大学校甲種学生を命ぜらる	一月二三日、シーメンス事件始まる○七月二八日、第一次大戦勃発○八月二三日、対独宣戦布告
大正四	一九一五	三二	海軍少佐となる○五月一九日、山本家名跡を継ぎ	一月一八日、中国に二十一カ条の要

大正五	一九一六	三三	「山本」に改姓 一二月一日、海軍大学校甲種学生修了し、第二艦隊参謀となる	求提出 三月一八日、横須賀海軍航空隊設置○六月六日、袁世凱没○七月一日～一一月一八日、ソンムの戦
大正六	一九一七	三四	七月二二日、病気のため休職、海軍省軍務局第二課勤務となる○二七日、海軍教育本部部員・海軍技術会議議員兼務	一月九日、独、無制限潜水艦作戦決定○三月一二日、ロシア二月革命○七月二〇日、政府、中国段祺瑞政府援助決定○一一月七日、十月革命
大正七	一九一八	三五	八月三一日、三橋康守の三女禮子と結婚	八月二日、政府、シベリア出兵宣言○一一月一一日、第一次大戦終る
大正八	一九一九	三六	四月五日、米国駐在員、ハーバート大学留学○一二月一日、海軍中佐となる	三月一日、三・一万歳事件○五月四日、五・四運動勃発○六月二八日、ベルサイユ講和条約調印
大正九	一九二〇	三七	六月二六日、国際通信会議予備会議委員随員を命ぜらる	一一月二五日、呉工廠で超ド級戦艦「長門」竣工
大正一〇	一九二一	三八	七月一九日、帰国○八月一〇日、巡洋艦「北上」副長○一二月一日、海軍大学校教官を命ぜらる	一一月四日、原首相暗殺○一二日、ワシントン会議開催（翌年二月六日、軍縮条約調印）
大正一一	一九二二	三九	一〇月七日、長男義正誕生	二月一一日、太平洋諸島委任統治の日米条約
大正一二	一九二三	四〇	六月二〇日、井出謙治大将と欧米各国出張○三〇	三月二六日、五海軍区を三海軍区と

			日海軍軍令部出仕○一二月一日、海軍大佐となる	し、舞鶴・鎮海を要港部とす○九月一日、関東大震災
大正一三	一九二四	四一	六月一〇日、横須賀鎮守府付○一七日、特務艦「富士」乗艦	五月三〇日、政府、対支政策要綱決定
大正一四	一九二五	四二	一月七日、霞ヶ浦航空隊付、同航空隊副長兼教頭○一二月一日、米国駐在武官となる	三月二日、普通選挙法可決○同月七日、治安維持法可決○四月二八日、陸軍航空本部令交付
大正一五	一九二六	四三	一月二一日、ワシントンに向け横浜出発	一二月二五日、大正天皇崩御、「昭和」に改元
昭和二	一九二七	四四	七月二八日、国際無線電信会議に委員として参加	四月四日、海軍航空本部令交付
昭和三	一九二八	四五	三月三日、帰国○八月二〇日、巡洋艦「五十鈴」艦長○一二月一〇日、航空母艦「赤城」艦長となる	二月二〇日、最初の普通選挙○六月四日、張作霖爆殺事件○七月一日、全県に特別高等課設置
昭和四	一九二九	四六	一〇月八日、軍令部兼海軍省出仕○一一月一二日、ロンドン海軍軍縮会議全権委員の随員○同月三〇日、海軍少将となる	一〇月二四日、世界恐慌始まる○一一月二一日、大蔵省、金解禁の省令公布
昭和五	一九三〇	四七	九月一日、海軍航空本部出仕○一二月一日、海軍航空本部技術部長兼海軍技術会議議員となる	一月二一日、ロンドン軍縮会議開催○四月二五日、政友会、政府を統帥権干犯と攻撃
昭和六	一九三一	四八	勲二等瑞宝章を授与せらる	三月、三月事件未遂○九月一八日、満州事変勃発

昭和七	一九三二	四九	四月、新艦上攻撃機試作を指示	一月二八日、第一次上海事変○三月一日、満州国独立○五月一五日、犬養首相暗殺（五・一五事件）
昭和八	一九三三	五〇	一〇月三日、第一航空戦隊司令官となる	三月二七日、国際連盟脱退
昭和九	一九三四	五一	九月七日、昭和一〇年のロンドン海軍軍縮会議予備交渉代表を命ぜらる○一一月一五日、海軍中将となる	一二月二九日、政府、ワシントン軍縮条約廃棄を米国に通告
昭和一〇	一九三五	五二	二月一二日、予備交渉決裂し帰国○一二月二日、海軍航空本部長となる	二月一八日、天皇機関説論争○三月二三日、国会で国体明徴可決
昭和一一	一九三六	五三	一二月一日、海軍次官となる	一一月二五日、日独防共協定締結
昭和一二	一九三七	五四	兄季八死去	七月七日、盧溝橋事件○八月一三日、第二次上海事変
昭和一三	一九三八	五五	海軍航空本部長兼任	四月一日、国家総動員法○一〇月二七日、武漢占領
昭和一四	一九三九	五六	三月二三日、勲一等瑞宝章を授与○八月三〇日、連合艦隊司令長官となり、第一艦隊司令官を兼任	五月一二日、ノモンハン事件勃発○九月一日、第二次世界大戦はじまる
昭和一五	一九四〇	五七	一〇月一日、紀元二千六百年式典特別観艦式指揮官○一一月一五日、海軍大将となる	九月二二日、北部仏印進駐○二七日、日独伊三国同盟締結○一〇月一二日、大政翼賛会発足
昭和一六	一九四一	五八	一月、近衛首相と会談○同月、連合艦隊司令部幕僚にハワイ攻撃計画研究を命令○一一月一三日、	四月一三日、日ソ中立条約調印○同月一六日、日米交渉開始○六月二五

			岩国航空隊で最後の作戦打合○一七日、ハワイ攻撃の機動部隊に激励の訓示	日、南部仏印進駐○一〇月一八日、東條内閣成立○一二月八日、米英に宣戦布告
昭和一七	一九四二	五九	四月一日、次期作戦構想を承認○四月二八日、第一段作戦戦訓研究会開催○五月五日、第二段作戦計画下達○二九日、次期作戦計画を予定通り実施を命令、ミッドウェーに向け出撃○六月一四日、瀬戸内海に帰着○二〇日、ミッドウェー海戦戦訓と航空母艦改良の研究会開催○一一月一二日、海軍首脳宛にガ島作戦の困難性を示す書簡	五月七〜八日、珊瑚海海戦○六月五日、ミッドウェー海戦で大敗北○八月七日、米海兵隊ガダルカナル島等に上陸○同日、内地よりトラック島進出決断○八月一九〜二一日、一木支隊全滅○一〇月二六日、南太平洋海戦で米機動部隊に勝利
昭和一八	一九四三	六〇	三月二五日、大本営、第三段作戦方針と南東方面作戦陸海軍中央協定を指示○四月一八日、「い」号作戦指導のためラバウル進出、ブーゲンビル島上空で戦死	一月四日、ガ島全兵力の撤収命令○二月一〜七日、ガ島撤収作戦○四月二一日、後任連合艦隊司令長官に古賀峯一

参考文献

海軍兵学校『海軍兵学校沿革』 原書房 昭和四三年復刻

海軍有終会『続海軍兵学校沿革』 原書房 昭和五三年

海軍省「公文備考」

水交社『水交社記事』 水交社

海軍有終会『有終』 海軍有終会

海軍有終会『近世帝国海軍史要』 海軍有終会 昭和一三年

海軍大臣官房『海軍制度沿革』 原書房 昭和四六・七年復刻

海軍大臣官房『海軍系統一覧 庁衙沿革』 原書房 昭和五〇年復刻

海軍教育本部『帝国海軍教育史』 原書房 昭和五八年

佐藤鉄太郎『帝国国防史論』 東京印刷 明治四三年

四竈幸輔『侍従武官日記』 芙蓉書房 昭和五五年

日本海軍航空史編纂委員会『日本海軍航空史』〈一〉〈二〉〈三〉 時事通信社 昭和四四年

海軍歴史保存会『日本海軍史』 第一法規出版 平成七年

防衛研修所戦史室『戦史叢書 海軍軍戦備〈一〉』 朝雲新聞社 昭和四四年

防衛研修所戦史室『戦史叢書 海軍航空概史』 朝雲新聞社 昭和五一年
防衛研修所戦史室『戦史叢書 大本営海軍部・連合艦隊〈一〉』 朝雲新聞社 昭和五〇年
防衛研修所戦史室『戦史叢書 大本営海軍部・連合艦隊〈二〉』 朝雲新聞社 昭和五〇年
防衛研修所戦史室『戦史叢書 大本営海軍部・連合艦隊〈三〉』 朝雲新聞社 昭和四九年
防衛研修所戦史室『戦史叢書 大本営海軍部・連合艦隊〈四〉』 朝雲新聞社 昭和四五年
防衛研修所戦史室『戦史叢書 ハワイ作戦』 朝雲新聞社 昭和四二年
防衛研修所戦史室『戦史叢書 ミッドウェー海戦』 朝雲新聞社 昭和四六年
防衛研修所戦史室『戦史叢書 南東方面海軍作戦（1） ガ島奪回作戦開始まで』 朝雲新聞社 昭和四六年
第二復員局残務処理部『太平洋戦争日本海軍戦史』 海上自衛隊 昭和三二年
海軍省「昭和十年海軍軍縮会議予備交渉経過（倫敦）原稿」
海軍省「一九三〇年『ロンドン』海軍会議記事及び関係文書」
海軍省「昭和一〇年 倫敦ニ於ケル軍縮会議（開会前）」
海軍省「昭和一四年 日独伊軍事同盟締結要請運動綴」
第二復員省「行動調書」 防衛研究所所蔵
大分県立先哲史料館『堀悌吉資料集』第一巻・第二巻『大分県先哲叢書』 大分県教育委員会 平成一八・一九年

加藤寛治『昭和四年五年倫敦海軍条約秘録』　自家出版　昭和四五年
反町栄一『人間　山本五十六』上・下　光和堂　昭和三一年
池田清『日本の海軍』上・下　朝日ソノラマ　昭和六二年
青木得三『若槻礼次郎　浜口雄幸―三大宰相列伝―』　時事通信社　昭和三三年
山本義正『父　山本五十六―その愛と死の記録―』　光文社　昭和四四年
鎌田芳朗『山本五十六の江田島生活』　原書房　昭和五六年
史料調査会海軍文庫『海軍』　誠文図書　昭和五六年
宮野澄『不遇の提督堀悌吉』　光人社　平成二年
豊田穣『飛行機王中島知久平』　講談社　平成四年
奥宮正武『海軍航空隊全史』上・下　朝日ソノラマ　昭和六三年
岡村純他『航空技術の全貌』〈上〉〈下〉　日本出版協同社　昭和二八年
渡辺幾治郎『史傳　山本元帥』　千倉書房　昭和一九年
和田秀穂『海軍航空史話』　明治書院　昭和一九年
保科善四郎・大井篤・末国正雄『太平洋戦争秘史―海軍は何故海戦に同意したか―』　日本国防協会　昭和六二年
江間守一『秩父宮妃勢津子』　山手書房　昭和五八年
碇義朗『航空テクノロジーの戦い―「海軍空技廠」技術者とその周辺の人々の物語―』

野沢　正『日本航空機総集』全八巻　光人社　平成八年
堀　栄三『大本営参謀の情報戦記—情報なき国家の悲劇』　出版協同社　昭和三八年
野村　実『日本海軍の歴史』　文芸春秋　平成元年
緒方竹虎『一軍人の生涯』　吉川弘文館　平成一四年
原田熊雄『西園寺公と政局』第六巻　文芸春秋新社　昭和三〇年
同台経済懇話会『近代日本戦争史』第四編　岩波書店　昭和二六年
参謀本部『大本営陸軍部戦争指導班機密戦争日誌』　紀伊国屋書店　平成七年
寺崎英成『昭和天皇独白録』　錦正社　平成一六年
山本親雄『大本営海軍部』　文芸春秋　平成三年
新人物往来社『山本五十六のすべて』　朝日ソノラマ　昭和五七年
近衛文麿『平和への努力—近衛文麿手記—』　新人物往来社　昭和六〇年
上山和雄『北米における総合商社の活動』　日本電報通信社　昭和二一年
纐纈　厚『総力戦体制研究　—日本陸軍の国家総動員構想—』　日本経済評論社　平成一七年
草鹿龍之介『連合艦隊参謀長の回想』　三一書房　昭和五六年
宇垣　纏『戦藻録』前篇・後篇　光和堂　昭和五四年
田中宏巳『マッカーサーと戦った日本軍　ニューギニア戦の記録』　日本出版協同KK　昭和二七年
ゆまに書房　平成二一年

千早正隆『日本海軍の驕り症候群』　プレジデント社　平成二年
井上成美伝記刊行会『井上成美』　井上成美伝記刊行会　昭和五七年
C・ウィロビー『マッカーサー戦記　Ⅲ』　時事通信社　昭和三一年
児島襄『太平洋戦争　下』　中央公論社　昭和四一年
生出寿『凡将　山本五十六』　徳間書店　昭和五八年
中島親孝『連合艦隊作戦室から見た太平洋戦争』　光人社　昭和六三年
佐藤小太郎『バラレ海軍設営隊―ソロモン航空基地建設の軌跡―』　プレジデント社　平成六年
田中宏巳「昭和七年前後における東郷グループの活動」（一）（二）（三）
防衛大学校紀要人文科学分冊51・52・53　昭和六〇・六一年

著者略歴

一九四三年生まれ

一九七四年早稲田大学大学院博士課程修了

現在、防衛大学校名誉教授

主要著書

日本海軍史（共編）　東郷平八郎　BC級戦犯

秋山真之　マッカーサーと戦った日本軍

人物叢書　新装版

山本五十六

二〇一〇年（平成二十二）六月一日　第一版第一刷発行

二〇二三年（令和　五　）四月一日　第一版第三刷発行

著　者　田中宏巳《たなかひろみ》

編集者　日本歴史学会

代表者　藤田　覚

発行者　吉川道郎

発行所　株式会社　吉川弘文館

東京都文京区本郷七丁目二番八号

郵便番号一一三―〇〇三三

電話〇三―三八一三―九一五一〈代表〉

振替口座〇〇一〇〇―五―二四四

http://www.yoshikawa-k.co.jp/

印刷＝株式会社 平文社

製本＝ナショナル製本協同組合

ISBN978-4-642-05257-3

『人物叢書』(新装版)刊行のことば

人物叢書は、個人が埋没された歴史書が盛行した時代に、「歴史を動かすものは人間である。個人の伝記が明らかにされないで、歴史の叙述は完全であり得ない」という信念のもとに、専門学者に執筆を依頼し、日本歴史学会が編集し、吉川弘文館が刊行した一大伝記集である。

幸いに読書界の支持を得て、百冊刊行の折には菊池寛賞を授けられる栄誉に浴した。

しかし発行以来すでに四半世紀を経過し、長期品切れ本が増加し、読書界の要望にそい得ない状態にもなったので、この際既刊本の体裁を一新して再編成し、定期的に配本できるような方策をとることにした。既刊本は一八四冊であるが、まだ未刊である重要人物の伝記についても鋭意刊行を進める方針であり、その体裁も新形式をとることとした。

こうして刊行当初の精神に思いを致し、人物叢書を蘇らせようとするのが、今回の企図である。大方のご支援を得ることができれば幸せである。

昭和六十年五月

日本歴史学会
代表者 坂本太郎

日本歴史学会編集

人物叢書〈新装版〉

▽没年順に配列　▽一、四〇〇円～三、五〇〇円(税別)
▽品切書目の一部について、オンデマンド版の販売を開始しました。
詳しくは出版図書目録、または小社ホームページをご覧ください。

日本武尊　上田正昭著
継体天皇　篠川　賢著
聖徳太子　坂本太郎著
秦河勝　井上満郎著
蘇我蝦夷・入鹿　門脇禎二著
天智天皇　森　公章著
額田王　直木孝次郎著
持統天皇　直木孝次郎著
柿本人麻呂　多田一臣著
藤原不比等　高島正人著
長屋王　寺崎保広著
大伴旅人　鉄野昌弘著
県犬養橘三千代　義江明子著
山上憶良　稲岡耕二著
道慈　曾根正人著
行基　井上　薫著
橘諸兄　中村順昭著
光明皇后　林　陸朗著
鑑真　安藤更生著
藤原仲麻呂　岸　俊男著
阿倍仲麻呂　森　公章著
道鏡　横田健一著
吉備真備　宮田俊彦著
早良親王　西本昌弘著
佐伯今毛人　角田文衛著
和気清麻呂　平野邦雄著
桓武天皇　村尾次郎著
坂上田村麻呂　高橋　崇著
最澄　田村晃祐著
平城天皇　春名宏昭著
藤原冬嗣　虎尾達哉著
仁明天皇　遠藤慶太著
橘嘉智子　勝浦令子著
円仁　佐伯有清著
伴善男　佐伯有清著
清和天皇　神谷正昌著
円珍　佐伯有清著
菅原道真　坂本太郎著
聖宝　佐伯有清著
三善清行　所　功著
藤原純友　松原弘宣著
紀貫之　目崎徳衛著
小野道風　山本信吉著
良源　平林盛得著
藤原佐理　春名好重著
紫式部　今井源衛著
慶滋保胤　小原　仁著
一条天皇　倉本一宏著
大江匡衡　後藤昭雄著
源信　速水　侑著
源頼光　朧谷　寿著
藤原道長　山中　裕著
藤原行成　黒板伸夫著
藤原彰子　服藤早苗著

源頼義　元木泰雄著
清少納言　岸上慎二著
和泉式部　山中裕著
源義家　安田元久著
大江匡房　川口久雄著
奥州藤原氏四代　高橋富雄著
藤原頼長　橋本義彦著
藤原忠実　元木泰雄著
源頼政　多賀宗隼著
平清盛　五味文彦著
源義経　渡辺保著
西行　目崎徳衛著
後白河上皇　安田元久著
千葉常胤　福田豊彦著
源通親　橋本義彦著
文覚　山田昭全著
藤原俊成　久保田淳著
畠山重忠　貫達人著
法然　田村圓澄著
栄西　多賀宗隼著

北条義時　安田元久著
大江広元　上杉和彦著
北条政子　渡辺保著
慈円　多賀宗隼著
明恵　田中久夫著
藤原定家　村山修一著
北条泰時　上横手雅敬著
道元　竹内道雄著
北条重時　森幸夫著
親鸞　赤松俊秀著
北条時頼　高橋慎一朗著
日蓮　大野達之助著
阿仏尼　田渕句美子著
北条時宗　川添昭二著
一遍　大橋俊雄著
叡尊・忍性　和島芳男著
京極為兼　井上宗雄著
金沢貞顕　永井晋著
菊池氏三代　杉本尚雄著
新田義貞　峰岸純夫著

花園天皇　岩橋小弥太著
赤松円心・満祐　高坂好著
卜部兼好　冨倉徳次郎著
覚如　重松明久著
足利直冬　瀬野精一郎著
佐々木導誉　森茂暁著
二条良基　小川剛生著
細川頼之　小川信著
足利義満　臼井信義著
今川了俊　川添昭二著
足利義持　伊藤喜良著
世阿弥　今泉淑夫著
上杉憲実　田辺久子著
山名宗全　川岡勉著
経覚　酒井紀美著
一条兼良　永島福太郎著
亀泉集証　今泉淑夫著
蓮如　笠原一男著
宗祇　奥田勲著
尋尊　安田次郎著

万里集九　中川徳之助著
三条西実隆　芳賀幸四郎著
大内義隆　福尾猛市郎著
ザヴィエル　吉田小五郎著
三好長慶　長江正一著
今川義元　有光友學著
武田信玄　奥野高広著
朝倉義景　水藤　真著
浅井氏三代　宮島敬一著
里見義堯　滝川恒昭著
上杉謙信　山田邦明著
織田信長　池上裕子著
明智光秀　高柳光寿著
大友宗麟　外山幹夫著
千利休　芳賀幸四郎著
松井友閑　竹本千鶴著
豊臣秀次　藤田恒春著
ルイス・フロイス　五野井隆史著
足利義昭　奥野高広著
前田利家　岩沢愿彦著

長宗我部元親　山本　大著
安国寺恵瓊　河合正治著
石田三成　今井林太郎著
黒田孝高　中野　等著
真田昌幸　柴辻俊六著
最上義光　伊藤清郎著
前田利長　見瀬和雄著
高山右近　海老沢有道著
島井宗室　田中健夫著
淀君　桑田忠親著
片桐且元　曽根勇二著
徳川家康　藤井讓治著
藤原惺窩　太田青丘著
支倉常長　五野井隆史著
徳川秀忠　山本博文著
伊達政宗　小林清治著
天草時貞　岡田章雄著
立花宗茂　中野　等著
宮本武蔵　大倉隆二著
小堀遠州　森　蘊著

徳川家光　藤井讓治著
由比正雪　進士慶幹著
佐倉惣五郎　児玉幸多著
林羅山　堀　勇雄著
松平信綱　大野瑞男著
国姓爺　石原道博著
野中兼山　横川末吉著
保科正之　小池　進著
隠元　平久保章著
徳川和子　久保貴子著
酒井忠清　福田千鶴著
朱舜水　石原道博著
池田光政　谷口澄夫著
山鹿素行　堀　勇雄著
井原西鶴　森　銑三著
松尾芭蕉　阿部喜三男著
三井高利　中田易直著
河村瑞賢　古田良一著
徳川光圀　鈴木暎一著
契沖　久松潜一著

市川団十郎　西山松之助著
伊藤仁斎　石田一良著
徳川綱吉　塚本　学著
貝原益軒　井上　忠著
前田綱紀　若林喜三郎著
近松門左衛門　河竹繁俊著
新井白石　宮崎道生著
鴻池善右衛門　宮本又次著
石田梅岩　柴田　実著
太宰春台　武部善人著
徳川吉宗　辻　達也著
大岡忠相　大石　学著
賀茂真淵　三枝康高著
平賀源内　城福　勇著
与謝蕪村　田中善信著
三浦梅園　田口正治著
毛利重就　小川國治著
本居宣長　城福　勇著
山村才助　鮎沢信太郎著
木内石亭　斎藤　忠著

小石元俊　山本四郎著
山東京伝　小池藤五郎著
杉田玄白　片桐一男著
塙　保己一　太田善麿著
上杉鷹山　横山昭男著
大田南畝　浜田義一郎著
只野真葛　関　民子著
小林一茶　小林計一郎著
大黒屋光太夫　亀井高孝著
松平定信　高澤憲治著
菅江真澄　菊池勇夫著
鶴屋南北　古井戸秀夫著
島津重豪　芳　即正著
狩谷棭斎　梅谷文夫著
最上徳内　島谷良吉著
遠山景晋　藤田　覚著
渡辺崋山　佐藤昌介著
柳亭種彦　伊狩　章著
香川景樹　兼清正徳著
平田篤胤　田原嗣郎著

間宮林蔵　洞　富雄著
滝沢馬琴　麻生磯次著
調所広郷　芳　即正著
橘　守部　鈴木暎一著
黒住宗忠　原　敬吾著
水野忠邦　北島正元著
帆足万里　帆足図南次著
江川坦庵　仲田正之著
藤田東湖　鈴木暎一著
二宮尊徳　大藤　修著
広瀬淡窓　井上義巳著
大原幽学　中井信彦著
島津斉彬　芳　即正著
月　照　友松圓諦著
橋本左内　山口宗之著
井伊直弼　吉田常吉著
吉田東洋　平尾道雄著
緒方洪庵　梅溪　昇著
佐久間象山　大平喜間多著
真木和泉　山口宗之著

高島秋帆　有馬成甫著
シーボルト　板沢武雄著
高杉晋作　梅溪　昇著
川路聖謨　川田貞夫著
横井小楠　圭室諦成著
小松帯刀　高村直助著
山内容堂　平尾道雄著
江藤新平　杉谷　昭著
和　宮　武部敏夫著
西郷隆盛　田中惣五郎著
ハリス　坂田精一著
森　有礼　犬塚孝明著
松平春嶽　川端太平著
中村敬宇　高橋昌郎著
河竹黙阿弥　河竹繁俊著
寺島宗則　犬塚孝明著
樋口一葉　塩田良平著
ジョセフ＝ヒコ　近盛晴嘉著
勝　海舟　石井　孝著
臥雲辰致　村瀬正章著

黒田清隆　井黒弥太郎著
伊藤圭介　杉本　勲著
福沢諭吉　会田倉吉著
星　亨　中村菊男著
中江兆民　飛鳥井雅道著
西村茂樹　高橋昌郎著
正岡子規　久保田正文著
清沢満之　吉田久一著
滝廉太郎　小長久子著
副島種臣　安岡昭男著
田口卯吉　田口　親著
福地桜痴　柳田　泉著
陸　羯南　有山輝雄著
児島惟謙　田畑　忍著
荒井郁之助　原田　朗著
幸徳秋水　西尾陽太郎著
ヘボン　高谷道男著
石川啄木　岩城之徳著
乃木希典　松下芳男著
岡倉天心　斎藤隆三著

桂　太郎　宇野俊一著
徳川慶喜　家近良樹著
加藤弘之　田畑　忍著
山路愛山　坂本多加雄著
伊沢修二　上沼八郎著
秋山真之　田中宏巳著
前島　密　山口　修著
成瀬仁蔵　中嶌　邦著
前田正名　祖田　修著
大隈重信　中村尚美著
山県有朋　藤村道生著
大井憲太郎　平野義太郎著
河野広中　長井純市著
富岡鉄斎　小高根太郎著
大正天皇　古川隆久著
津田梅子　山崎孝子著
豊田佐吉　楫西光速著
渋沢栄一　土屋喬雄著
有馬四郎助　三吉　明著
武藤山治　入交好脩著

坪内逍遙　大村弘毅著
山室軍平　三吉　明著
阪谷芳郎　西尾林太郎著
南方熊楠　笠井　清著
山本五十六　田中宏巳著
中野正剛　猪俣敬太郎著
三宅雪嶺　中野目　徹著
近衛文麿　古川隆久著
河上　肇　住谷悦治著
牧野伸顕　茶谷誠一著
幣原喜重郎　種稲秀司著
御木本幸吉　大林日出雄著
尾崎行雄　伊佐秀雄著
緒方竹虎　栗田直樹著
石橋湛山　姜　克實著
八木秀次　沢井　実著
森戸辰男　小池聖一著
▽以下続刊